메콩 강의 진주, 라오스

들여다보기, 이해하기, 돌아보기

이 도서의 국립중앙도서관 출판시도서목록(CIP)은 e-CIP홈페이지(http://www.nl.go.kr/ecip) 와 국가자료공동목록시스템(http://www.nl.go.kr/kolisnet)에서 이용하실 수 있습니다.(CIP제어번호: CIP2013000134)

메콩 강의 진주, 라오스

들여다보기, 이해하기, 돌아보기

이요한 지음

한울

메콩 강의 진주, 라오스

라오스(Laos) 사람들은 라오스를 '메콩 강의 진주(The Jewelry of Mekong)'라고 부른다. 흔히 '진주'를 감추어진 보배라고 하는 것을 보면, '메콩 강의 진주'만큼 라오스를 잘 표현한 문구도 없는 듯하다. 그만큼 라오스는 세계에 알려지지 않은 소중한 가치와 잠재력을 가득 품고 있는 나라다.

라오스는 매력적인 나라다. 이는 라오스가 무궁무진한 천연자원을 보유했기 때문도 아니고, 국제적으로 떠오르는 신흥시장이기 때문도 아니다. 라오스는 우리가 잃어버린 것들, 그리워하는 것들을 여전히 발견할 수 있는 곳이다. 또한 급속한 발전과 숨 막히는 경쟁 속에서 살아가는 우리와 전혀 다른 사람들을 만날 수 있는 곳이다. 라오스 사람들은 빈한하지만 여유와 미소를 간직하고 있으며 자연과 공존하며 살아갈 줄 안다. 그래서 라오스에 있으면 시간이 멈춘 듯한 기분, 또는 시간을 거슬러 과거로 돌아간 것 같은 착각을 일으키게 된다. 그렇다고 해서 라오스가 비문명의, 과거의 정취만을 품고 있는 것은 아니다. 이곳 역시 무선인터넷과 3G 통신서비스를 사

라오스 국화: 참파

용할 수 있을 정도로 현대문명이 급속히 전파되고 있다. 라오스는 가난과 여유, 과거와 현재가 공존하는, 세계에서 몇 안 남은 나라다.

필자는 2006년 우송대학교 경영학과 교수로 재직하던 때 정부의 '루앙프라방국립대학교 원조사업'에 참여하면서 처음으로 라오스와 인연을 맺었다. 동남아시아 국제관계를 전공했지만, 그전까지만 해도 필자는 ASEAN(Association of South-East Asian Nations, 동남아시아 국가연합) 회원국인 라오스에 대한 개별적인 지식과 관심이 거의 없었다. 그러다 당시 프로젝트 현지조사차 처음 방문했던 비엔티안(Vientiane)과 루앙프라방(Luang Prabang)에서 필자는 강렬한 인상을 받았다. 그때의 기억은 쉽게 잊히지 않았고, 이후 라오스는 자연스레 삶의 일부가 되어버렸다. 필자는 2007년 7월 가족과 함께 라오스로 이주한 후 현재까지 루앙프라방에 위치한 수파누봉대학교의 국제경영학과 교수로, 또한 대학 산하의 한국협력센터(Korea Cooperation Center)의 소장으로 일하고 있다.

라오스는 최근 들어 한국에 많이 알려지고 있다. 라오스 내에 체류하는 한국 교민이 늘어나고 있으며 직항로가 개설되어 한국인 관광객도 부쩍 증가하는 한편, 한국에서는 라오스 관련 텔레비전 프로그램 방송과 도서 출판도 꾸준하다. 그러나 라오스가 우리에게 성큼 다가오고 있는 지금, 라오스를 상세하게 소개하고 있는 자료는 찾아보기 어렵다. 이미 출간된 라오스에 관한 책들은 주로 관광 정보를 다룬 여행서에 치중해 있어 라오스의 일부만을 전달하고 있을 뿐이다.

한 나라에 대한 소개를 단 한 권의 책으로 다할 수 없다는 것을 필자는 잘 알고 있다. 그러나 라오스에 관한 적절한 안내서가 없는 상황에서 이를 정리하는 것은 학자로서의 의무라는 생각이 들었다. 이에 필자는 라오스에 대한 한국 독자들의 깊이 있는 이해에 도움을 주고자 지난 5년간 라오스 현지에 체류하면서 체험한 경험과 지식들을 모아 이 책을 집필하게 되었다.

필자는 이 책을 통해 라오스의 편린이 아닌 전반적인 소개를 하고자 한다. 대부분 필자가 라오스에서 수행한 다양한 연구의 내용을 바탕으로 했으며, 경제·교육·한류 등에 관한 일부 내용은 필자의 논문이나 보고서를 요약해 수록했다. 중간중간 현지에서 경험한 에피소드와 라오인의 생각과 현실도 담았다. 부족한 점을 채우기 위해 이미 나와 있는 라오스와 관련된 국내외 서적과 보고서, 언론매체, 인터넷 기사 등도 인용했다.

또한 이 책은 라오스를 여행하려는 관광객이나 현지 교민, 이주 예정자, 투자자 등 라오스에 관심 있는 사람 모두가 쉽게 읽을 수 있도록 기술했다. 그러면서도 학생, 연구자 및 관련 기관 종사자 들에게 필요한 정보를 충실히 전달할 수 있도록 내용면에서 부족함이 없도록 노력했다. 그럼에도 미흡한 점이 많을 것이다. 부족한 점을 매워 더욱 발전된 결과물로 보답할 수 있도록 독자들의 많은 조언 기대한다.

책의 내용은 크게 3부로 나누었다. 1부 '라오스 들여다보기'에서는 라오스에 대한 개괄적인 소개를, 2부 '라오스 이해하기'에서는 정치, 경제 등 세부적이고 심층적인 내용을 다루었다. 3부 '라오스 돌아보기'에서는 라오스의 주요 도시를 소개하고, 한국과 라오스의 관계 등을 정리했다.

이 책이 출간되기까지 많은 분의 도움이 있었다. 특히 도서출판 한울은 이 책의 출간을 흔쾌히 허락해주셨으며, 원경은 씨는 책을 정성스럽고 예쁘게 편집해주셨다. 진심으로 감사드린다. 무엇보다 지난 5년간 라오스에서 함께 고생한 사랑하는 아내와 세 딸에게 가장 큰 고마움을 전하고 싶다. 이 책을 읽는 독자들이 메콩 강에 숨겨져 있는 진주의 매력을 발견했으면 하는 바람이다.

2012년을 보내며, 루앙프라방에서

이요한

Part I
라오스 들여다보기

Part II

라오스 이해하기

Part III
라오스 돌아보기

[표 목차]

[그림 목차]

Part I
라오스 들여다보기

라오스 개관

라오스의 역사

라오스의 민족과 언어

라오스의 문화

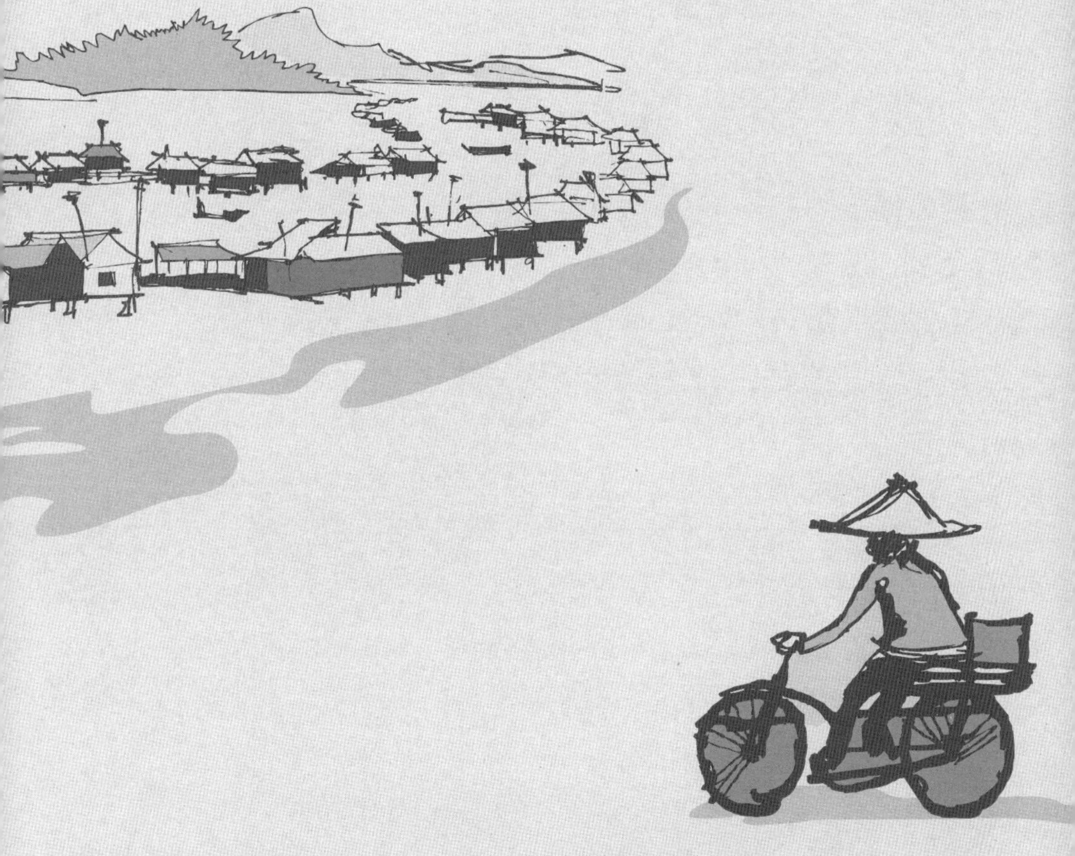

어머니의 강, 메콩

메콩 강을 빼놓고 라오스 지형을 이야기할 수는 없다. 라오인은 메콩 강을 '메남콩(Mae Nam Kong)'이라 부르는데, 여기서 메남(Mae Nam)이란 '어머니의 강'을 뜻한다. 메콩 강은 라오스 문명을 탄생시킨 젖줄로 오늘날까지도 식수, 농업용수, 교통, 자원, 영양 공급원으로 라오인에게 무한한 혜택을 주는, 그야말로 어머니와 같은 역할을 하고 있다.

메콩 강은 중국 윈난 성에서 발원해 미얀마, 라오스, 타이, 캄보디아를 차례로 거친 뒤 베트남을 지나 남중국해로 흐른다. 총 길이 약 4,200㎞로 세계에서 열두 번째로 긴 국제 하천이다. 라오스의 주요 도시인 비엔티안, 루앙프라방, 사반나케트(Savannakhet) 모두 메콩 강 유역의 평야지대에 자리 잡고 있으며, 라오스 인구의 [illegible] 이 메콩 강 [illegible] 고 있다.

라오스 개관

변화하는 라오스

"라오스는 어디에 있는 나라인가요?" 사람들이 필자에게 가장 흔히 하는 질문이다. 그들은 대부분 이름은 들어보았는데 정확히 어디 있는 나라인지 모르겠다는 표정을 짓다가 "타이 위, 베트남 옆에 있는 나라다"라고 답해주면 그제야 알겠다는 반응을 보이다.*

한국 사람들에게 동남아시아의 타이, 베트남, 필리핀, 인도네시아, 말레이시아, 싱가포르와 같은 국가들은 더 이상 먼 나라가 아니다. 이들 나라는 여행, 사업, 유학, 다문화가정의 일원 등으로 매우 친숙한 곳이 되었다. 하지만 라오스는 동남아시아 국가 중 여전히 한국에 잘 알려지지 않은 나라로 남아 있다. 이는 국제 사회에도 마찬가지다. 베트남전쟁 당시 미국의 존 F. 케네디(John F. Kennedy) 대통령은 라오스를 잘 몰라 라우스(Lous)로 발음했다고도 한다.

라오스가 오늘날까지 미지의 나라로 남은 데에는 몇 가지 이유가 있다. 우선 라오스는 내륙국가로 지리적 입지 자체가 대외관계를 맺기 어려운 환경이다. 게다가 1975년에 공산정권이 집권하면서 왕정에서 사회주의 체제로 전환한 후 고립 외교정책을 편 탓에 서방국가에 거의 노출되지 않았다. 풍부한 천연자원을 보유하고 있으나 경제적으로도 주목받지 못했다.

그러던 라오스에 1990년대 초부터 조금씩 변화의 바람이 불었다.

* 라오스는 인도차이나 반도 중앙에 위치하며, 북위 13도와 22도 사이에 있다. 최북단은 홍콩(Hong Kong), 최남단은 타이의 방콕(Bangkok)과 필리핀의 마닐라(Manila)와 같은 위도다.

냉전 시절 견고하기만 했던 베트남, 캄보디아, 라오스의 공산 블록(인도차이나 블록)이 탈냉전을 겪으며 균열이 생겼고, 이들 나라는 대외개방을 하기 시작했다. 개방정책 이후 라오스는 한국과 1995년에 재수교했고, 이후 한국과 라오스의 관계는 급속히 가까워졌다.*

라오스는 1997년 ASEAN에 가입하면서 기존의 고립 외교정책을 완전히 폐기했다. 개방정책을 시작한 이래 미국과 프랑스와의 수교는 물론 UN(United Nations, 국제연합), 세계은행(World Bank), 아시아개발은행(Asian Development Bank: ADB) 등 주요 국제기구를 적극적으로 받아들이기도 했다. 비엔티안에 가면 국제기구 사무소들이 도심 대로변에 줄지어 위치한 것을 볼 수 있다. 현재 라오스는 자유로운 시장경제 체제로 느리지만 조금씩 전환되고 있다.

라오스의 정식 명칭은 라오인민민주공화국(Lao People's Democratic Republic: Lao PDR)이며, 1975년 사회주의자들이 군주제를 폐지하고 공산정권을 수립한 이래 현재까지 일당 체제가 유지되고 있다. 1980년대 말 구소련의 붕괴와 주변 공산주의 국가들의 개혁·개방정책 영향으로 라오스 역시 시장경제를 도입했고, 현재까지 시장원리에 경제 근간을 두고 있다.

주요 환경

라오스의 면적은 약 23만 6,000km^2로 남북한을 합친 것보다 약간 크다. 국토 전체가 육지로 둘러싸인 내륙국가인 라오스는 남북의 총 길이가 약 965km에 이른다. 라오스는 북서쪽으로는 미얀마, 남서쪽으로는 타이, 남동쪽으로는 캄보디아, 동쪽으로는 베트남, 북쪽으로

* 한국은 라오스와 1974년 6월에 수교를 맺었으나 1975년 라오스의 공산화로 단교했다.

〈표 1〉 라오스 접경국과 접경 길이

접경국	접경 길이(Km)
중국	505
캄보디아	535
베트남	2,069
미얀마	236
타이	1,835
합계	5,180

자료: 라오스 통계청(2010).

는 중국과 국경을 접하고 있다(〈표 1 참조〉).

한국은 삼면이 바다에 둘러싸여 있고 북쪽은 휴전선으로 가로막혀 있어서 외국에 가기 위해서는 뱃길이나 하늘길을 통해야 하지만, 라오스는 육로나 메콩 강을 이용해 쉽게 이웃 나라와 왕래할 수 있다. 라오스에서 타이는 메콩 강을 건너 배로 10분이면 닿을 수 있고, 중국·베트남·캄보디아는 육로로 더욱 쉽게 국경을 넘나들 수 있다.

라오스는 국토의 80%가 산악지대 또는 고원으로 한국의 강원도와 자연환경이 비슷하다. 고지대가 많고, 강이 지나는 분지를 중심으로 도시와 거주민이 집중되어 있다. 울창한 밀림과 협곡이 많은 북부 산악지대는 현재까지도 동남아시아에서 가장 접근하기 어려운 지역으로 꼽히며, 수많은 동식물이 서식하는 낙원이기도 하다. 라오스에서 가장 높은 산은 씨엥쾅(Xiengkhuang) 주(州)에 있는 푸비아(Phu bia) 산으로 고도가 2,819m에 이른다. 라오스에서 두 번째, 세 번째로 높은 산들도 모두 씨엥쾅 주에 위치한다.

라오스는 북서 지역의 지대가 높고 남쪽으로 내려올수록 지형이

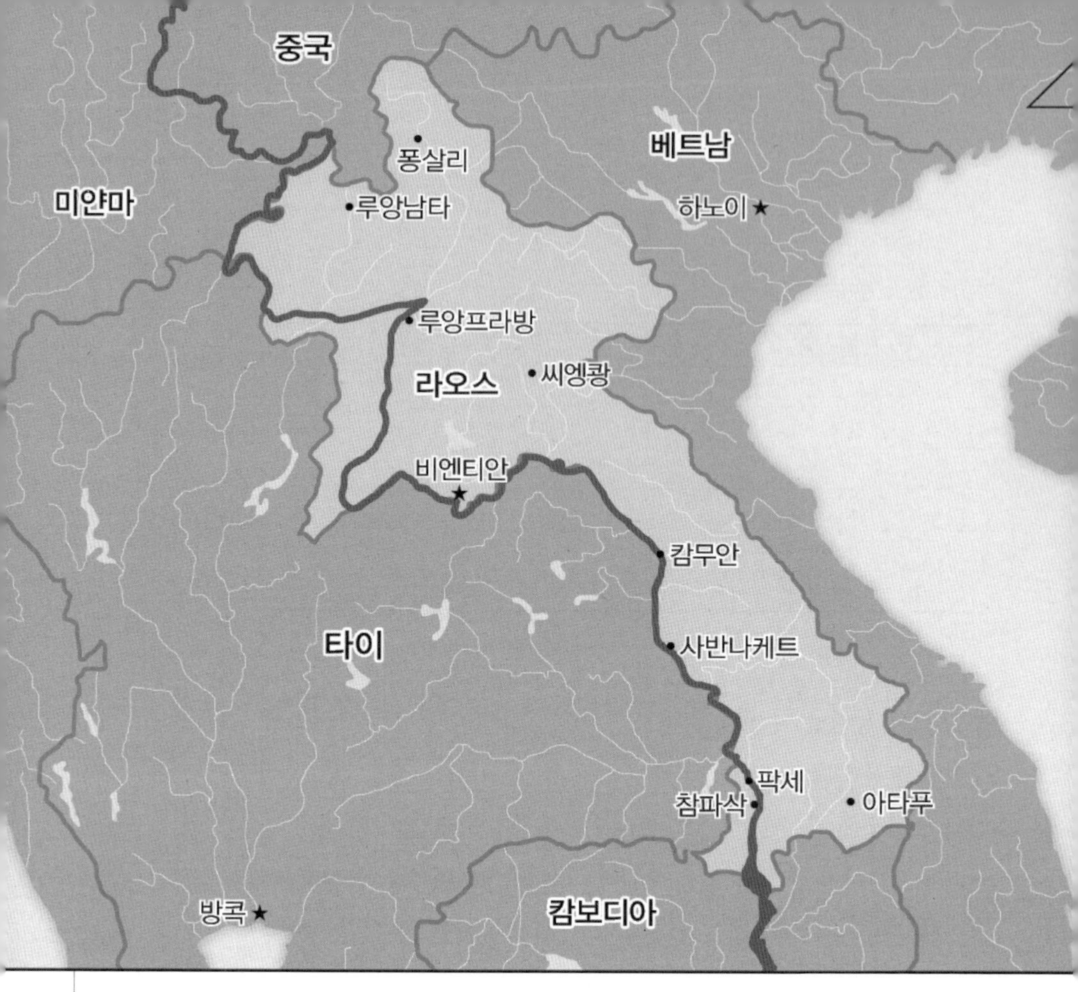

라오스와 접경국(굵은 선은 메콩 강의 본류)
자료: Encyclopedia Britannica.

낮아지는데, 이 중 농사가 가능한 평야지대는 2만km²도 되지 않는다. 또한 경작지로 사용하고 있는 토지는 전 국토의 1%에 불과하다. 이웃 나라인 타이가 전 국토의 10%를 경작지로 쓰고 있는 데 비하면 매우 낮은 수치다. 비엔티안을 기점으로 남부 참파삭(Champasak)까지 드문드문 있는 분지 형태의 평원이 라오스의 곡창지대라면 곡창지대라 할 수 있다. 남부 지역에서는 프랑스 식민지 시절부터 커피나무와 고무나무를 재배했으며, 지금도 라오스의 커피는 남부 지역

메콩 강

에서 대부분 생산되고 있다.

메콩 강을 빼놓고 라오스 지형을 이야기할 수는 없다. 라오인은 메콩 강을 '메남콩(Mae Nam Kong)'이라 부르는데, 여기서 메남(Mae Nam)이란 '어머니의 강'을 뜻한다. 메콩 강은 라오스 문명을 탄생시킨 젖줄로 오늘날까지도 식수, 농업용수, 교통, 자원, 영양 공급원으로 라오인에게 무한한 혜택을 주는, 그야말로 어머니와 같은 역할을 하고 있다.

메콩 강은 중국 윈난 성에서 발원해 미얀마, 라오스, 타이, 캄보디아를 차례로 거친 뒤 베트남을 지나 남중국해로 흐른다. 총 길이 약 4,200km로 세계에서 열두 번째로 긴 국제 하천이다. 라오스의 주요 도시인 비엔티안, 루앙프라방, 사반나케트(Savannakhet) 모두 메콩 강 유역의 평야지대에 자리 잡고 있으며, 라오스 인구의 53% 이상이 메콩 강 반경 15km 내에 거주하고 있다.

메콩 강의 1,898km 구간이 라오스 영토를 관류하며, 라오스 전 국토의 90%가 메콩 강의 본류 및 지류와 연결되어 있다. 메콩 강은 라오스와 타이(접경 거리 975km), 라오스와 미얀마(접경 거리 235km) 사이를 흐르며 국경을 자연스럽게 형성해 라오스의 국가 정체성 또한 이루게 했다. 메콩 강이 없었다면 라오스는 오늘날 독립국가로 존재하지 않았을 확률이 높다. 또한 메콩 강은 내륙국가인 라오스가 외부와 접촉할 수 있는 교역로로써 라오스의 고립된 환경을 완화시켜 주었다.

메콩 강은 라오스의 상수원이자, 강변을 중심으로 거주하는 라오인에게 농업과 어업의 기반을 제공한다. 우기 때는 메콩 강 저지대에서 수확한 농산물이 주요한 식량으로 사용되고 있으며, 메콩 강에서 포획되는 막대한 양의 수산물 역시 라오인에게 주요한 영양소를 공급하는 에너지원이다.

인구

라오스의 인구는 2011년 기준으로 약 638만 명이며, 인구밀도는 1km²당 약 26명으로 동남아시아 국가 중 가장 낮다(라오스 통계청). 인구밀도는 지역별로 편차가 큰데 수도인 비엔티안의 경우 1km²당 135명인 반면, 중부 내륙 지역에 위치한 보리캄사이(Borikhamxay)는 1km²당 11명에 불과하다. 라오스의 인구가 적은 이유는 토양이 척박하고 지형 구조상 많은 사람을 수용할 만한 지역이 부족하기 때문이다.

현재 라오스의 인구 성장률은 빠르게 증가하고 있다. 매년 1.7%의 인구성장률을 기록하고 있으며, 여성 1인당 평균 출산률은 3.7명으로 높은 편이다. 유아 사망률이 높은 것이 인구 증가의 걸림돌이 되고 있으며, 산아 제한은 거의 없다. 2009년 통계에 따르면 20세 이하가 전체 인구의 50%에 달할 정도로 젊은 층의 인구가 많으며,* 평균 연령은 18세로 매우 젊은 편이다. 점차 고령화되어가는 한국의 2011년 평균 연령이 38세라는 점과 비교해볼 때 라오스는 매우 젊은 국가라고 할 수 있다.

라오스에 유소년층이 많다는 것은 미래에 대한 기대와 염려를 동시에 안고 있음을 뜻한다. 이들이 건강하게 잘 자라 양질의 교육을 받는다면 라오스의 미래를 이끌어갈 잠재력이 될 수 있지만, 반대로 교육과 경제적 구조가 이들을 뒷받침해주지 못한다면 대규모 실업자와 빈곤층으로 이어질 수 있다.

라오스의 평균 수명은 약 61세에 불과해 의료 환경의 개선이 요구된다. 라오스의 인구는 1980년 300만 명, 1990년 400만 명, 1999년 500만 명, 2007년 600만 명으로 점점 빠르게 증가하고 있다. 〈그림 1〉에서 보듯 2015년에는 680만 명, 2020년에는 726만 명에 이를 것으로 보인다.

수도인 비엔티안의 인구는 약 80만 명(2011년 기준)이다. 유명한 관광도시인 루앙프라방, 산업도시인 사반나케트, 남부의 최대 도시인 팍세(Pakse)는 인구가 10만 명을 넘지 않는다. 비록 라오스는 UN이

* 라오스의 연령별 인구 분포를 보면 20세 이하가 50%, 21~39세가 29%, 40~64세가 17%, 65세 이상이 4%이다.

〈그림 1〉 라오스의 연도별 인구 추이

(단위: 만 명)

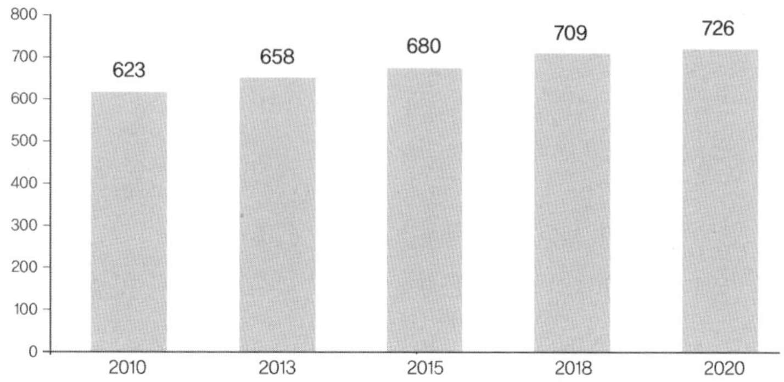

주: 2013년 이후로는 추정치.
자료: Lao Population and Housing Census.

지정한 최빈개도국(The Least Developed Countries: LDCs) 중 하나이지만, 넓은 국토에 거대한 메콩 강이 흐르고 울창한 숲이 있어 라오인들은 각박하게 살아가지 않는다. 라오인들에게 여유와 미소가 있는 이유이기도 하다. 한국인들은 좁은 국토에 많은 인구가 집중되어 살고 있기 때문에 평생 타인과 경쟁할 수밖에 없다. 빠르고 편리한 것에 길든 한국인의 관점에서 볼 때 라오인의 삶은 느리고 답답하게 느껴질 것이다. 그러나 그것은 이국인의 생각일 뿐, 라오인에게 '느림' 또는 '빈곤'이란 그들이 입버릇처럼 말하는 '보펜양(Bophenngan: '문제없어요', '괜찮아요'라는 뜻)'일 뿐이다.

기후

라오스는 열대몬순 기후에 속하는 지역으로 한 해를 건기와 우기로 나눌 수 있다. 건기는 10월부터 4월까지이고, 우기는 5월부터 9월까지이다. 건기에도 농사를 짓지만, 주요 곡물은 우기에 경작된다. 위도와 고도에 따라 지역별 기온차가 큰 편이며, 연평균 기온은 섭씨 28도에 달한다.

우기가 시작되기 직전인 3월과 4월은 라오스에서 가장 더운 시기다. 이때는 낮 기온이 섭씨 40도 내외까지 올라간다. 또한 건기에서 우기로 넘어가는 시기에는 일기가 불안정해 돌풍이 많이 분다. 돌풍이 심할 때는 전통가옥의 지붕이 날아가기도 하며, 고산지대에 있는 집은 전체가 날아간 적도 있다고 한다(필자가 수파누봉대학교의 교수기숙사에 입주했던 시기도 3월 중순이었는데, 신축 건물이었음에도 입주 직전의 돌풍으로 지붕이 무너지는 피해를 입었다).

우기는 5월부터 시작되는데 본격적으로 비가 많이 내리는 것은 7월과 8월이다. 9월부터는 비가 점차 조금씩 내리다가 10월에 우기가 끝난다. 우기의 끝날 무렵이면 라오스의 강들은 수위가 최고조에 달해 배를 타고 이동하기에 좋은데, 라오인들은 이때 추수한 곡물과 양식을 실어 나른다. 2008년에는 40년 만의 홍수로 메콩 강이 범람했으며, 비엔티안 일대는 이로 인해 큰 피해를 입기도 했다. 최근 들어 라오스는 1년에 한 차례 이상 태풍으로 인한 피해를 입고 있다.

우기가 끝난 10월부터 라오스의 날씨는 한국의 초가을과 같다. 한국의 가을을 천고마비라 부르듯 라오스는 10월부터 2월까지의 날씨가 최적이다. 낮 기온은 여전히 섭씨 30도를 육박하는 날이 있긴 하지만 아침저녁으로는 선선하다.

이 같은 기후 탓에 라오스의 관광산업은 성수기와 비성수기의 편차가 크다. 성수기는 10~2월이고, 12~1월은 극성수기에 해당하는데, 이때는 주요 관광지의 항공권이 매진되고 호텔 역시 예약하기가 어려울 뿐만 아니라 비용도 크게 오른다. 따라서 저렴하게 라오스를 여행하고자 한다면 관광 비수기인 5~9월의 우기를 고려해보는 것이 좋다.

12~1월의 라오스 동북부 산간 지역은 동남아시아답지 않게 꽤 쌀쌀하다. 동북부에 위치한 루앙프라방, 씨엥쾅, 퐁살리(Phongsaly) 등에는 나름대로 겨울이 있다. 눈이 오거나 얼음이 어는 경우는 드물지만 기온이 섭씨 5도 내외까지 떨어지기도 해서, 이때는 난방기구나 두꺼운 외투 없이 지내기가 쉽지 않다. 반면 비엔티안이 있는 중부 지역이나 사반나케트, 팍세가 위치한 남부 지역은 평균적으로 기온이 높아서 1월에도 추위를 느낄 정도는 아니다.

6~8월은 가장 습하며 강우량이 집중되는 시기다. 이때는 메콩 강이 범람하기도 하는데, 이는 땅을 비옥하게 만들어 농사에 도움을 준다. 강우량은 북부에서 남부로 내려갈수록 많은 편이다. 2009년도 주요 도시의 강우량은 북부에 위치한 루앙프라방이 1,260mm, 중부의 비엔티안이 1,482mm, 중남부의 사반나케트가 1,565mm, 남부의 팍세가 2,209mm를 기록했다. 강우량은 우기에 집중되며, 태풍과 집중호우로 인한 피해를 주기도 한다. 건기에는 거의 비가 내리지 않으며 가끔 비가 오는 경우도 강우량은 적은 편이다.

사회 일반

경제적 관점에서 볼 때 인구가 적고 국민소득이 적은 라오스는 매력적인 나라라 할 수 없다. 주변국인 타이, 베트남은 물론 또 다른 최빈개도국인 미얀마, 캄보디아와 비교해도 라오스가 우위에 설 만한 요소는 찾기가 어렵다. 하지만 라오스가 가지고 있는 잠재력을 과소평가해서는 안 된다.

라오스는 동남아시아 전력시장의 중추적인 역할을 담당하고 있는데, 이는 라오스가 엄청난 수력 자원을 보유하고 있기 때문이다. 라오스는 메콩 강 지류를 따라 수력발전 댐을 건설해 이곳에서 생산되는 전력을 타이, 캄보디아 등으로 수출하고 있다. 수자원은 지하자원과는 달리 반영구적인 특성을 가지고 있다는 장점이 있다. 강수량만 일정하다면 고갈될 염려가 없다는 점에서 라오스는 산유국인 쿠웨이트보다 미래가 밝다고 할 수 있다.

경제적인 가치 외에도 라오스는 5개국(중국, 베트남, 타이, 캄보디아, 미얀마)과 국경을 접하고 있는 데다, 이들 국가의 중앙에 위치하고 있어 지정학적 가치가 매우 높다. 전통적 우방국인 베트남과 이웃 강대국인 중국은 물론 유럽, 미국, 일본, 오스트레일리아 등의 국

〈표 2〉 라오스의 주요 사항

면적	23만km²	인구	625만 명
GDP	75억 달러	1인당 GDP	1,088달러
수출 규모	21억 달러	수입 규모	27억 달러

주: 2010년 기준.
자료: Lao National Statistics Bureau, 주라오스 한국대사관.

가가 경쟁적으로 라오스에 막대한 원조를 자청하며 각종 외교적·경제적 협약을 체결하고 있는 것은 이러한 라오스의 전략적 중요성을 반증하고 있다.

라오스의 화폐 단위는 킵(Kip)이며, 1달러는 약 7,985킵(2012년 12월 기준)이다. 1만 킵을 원화로 환산하면 약 1,370원이다.

라오스의 공용어는 라오어다. 라오어는 타이어와 유사해 라오인과 타이인은 의사소통에 크게 어려움을 겪지 않는다. 또한 소수민족 대개가 고유의 언어를 갖고 있으나 공통적으로 라오어를 배운다.

라오인은 약 90%가 불교도이며, 민간신앙(애니미즘), 기독교를 믿는 이도 일부 있으나 그 수는 매우 적다.

Q. 한국에서 라오스로 가는 방법은?

A. 현재 진에어(Jin Air)가 한시적(2012년 5월 기준)으로 인천-비엔티안 직항을 주 2회 운영하고 있다. 라오국영기업인 라오항공(Lao Airline)에 의한 직항도 개설을 추진 중이다. 타이, 베트남을 경유해 가는 방법도 있다. 베트남은 하노이(Ha Nôi)를 경유, 타이는 방콕을 경유해 비엔티안과 루앙프라방에 갈 수 있다.
육로의 경우 타이의 우돈타니(Udon Thani)에서 비엔티안으로 가는 버스를 이용하는 방법이 가장 일반적이다.

Q. 라오어란?

A. 라오어는 타이어와 유사해 의사소통이 가능하다. 남북한의 언어 차이라고 생각하면 된다. 글자도 산스크리트어에서 유래해 비슷하다. 라오인들은 어려서부터 타이 방송을 보고 듣기 때문에 타이어를 잘 알아듣는 편이다. 그러나 타이인들은 라오어를 잘 이해하지 못한다.

Q. 라오스 화폐는?

A. 라오스 화폐는 킵이다. 달러나 타이의 화폐인 바트(baht)도 킵처럼 사용 가능하며, 큰 호텔이나 식당에서는 신용카드도 사용할 수 있다. 환전은 은행, 공항뿐 아니라 시내 곳곳에 설치된 여행자 환전소, 보석상에서도 쉽게 할 수 있다.

Q. 라오스와 한국의 시차는?

A. 라오스가 한국보다 2시간 늦다. 한국에서 라오스에 전화할 때는 오전 11시(라오스 시간으로 오전 9시) 이후가 좋다.

Q. 라오스의 국제번호는?

A. 라오스의 국제번호는 856이다. 참고로 라오스에서 한국으로 전화할 때는 0082나 18882를 누른 후 '0'을 뺀 한국의 전화번호를 누르면 된다.

Q. 라오스의 주요 도시는?

A. 수도는 비엔티안이며 인구는 80만 명 정도다. 경제 중심지인 사반나케트 중남부에 있으며 인구는 10만 명이 채 되지 않는다. 루앙프라방은 북부에, 참파삭은 남부에 있으며 7~8만 명 정도의 인구가 살고 있다.

라오스의 역사

어느 국가이든 역사 소개는 자칫 지루해지기 쉽다. 하지만 한 국가를 제대로 이해하기 위해서는 그 나라의 역사를 먼저 알아야 한다. 이 장에서는 라오스 역사 중 중요한 부분을 발췌해 설명한 후 주요 사건을 연표를 통해 살펴보기로 한다.

건국신화

라오스 땅에 인류가 살기 시작한 것은 아주 오래 전부터다. 씨엥쾅의 유명한 '항아리 평야(Plain of jars)'는 수천 년 전부터 이곳에 사람이 거주했음을 보여주고 있다.

라오스에는 다음과 같은 건국신화가 전해진다. 하늘의 신인 쿤보롬(Khoun Borom)이 하얀 코끼리를 따고 지상에 내려와 현재 베트남의 북서 지역에 있는 디엔비엔푸(Dien Bien Phu) 근처에서 두 개의 큰 조롱박을 발견했다. 박에 구멍을 뚫자 남자, 여자, 동물, 씨앗 등이 나와 세상에 자리를 잡고 살았다. 쿤보롬의 일곱 아들은 땅을 일곱 개로 나누었고, 이후 타이 민족의 왕국과 지배권이 확립되었다. 라오인을 포함한 타이 민족의 이동 경로에 대한 기록을 보면 일곱 개 땅에 대한 언급이 있는데, 건국신화에 나오는 것과 그 위치가 일치한다는 것은 역사적으로도 입증되었다.

라오인의 역사는 샨(Shan), 샴(Siamese), 루(Lu) 같은 타이 부족보다 늦게 시작되었다. 그러나 이들의 이동과 정착의 형태는 거의 똑같다. 라오인은 원래 현재 윈난 성 지역에 속하는 중국 남부를 중심으로 한 넓은 땅을 차지하고 있었던 것으로 보인다. 7세기에 중국 윈난 성 서쪽에 난차오(Nan Chao) 왕국이 건설되었으나, 몽골의 쿠빌라이 칸(Khubilai Khan) 대군의 침략으로 1253년 수도가 점령되었다. 이에 라오인과 타이 민족은 인도차이나 반도를 향해 남하하게 되었다.

씨엥쾅의 항아리 평야

란상 왕국

지금으로부터 약 700년 전인 13세기에 라오스에 첫 번째 통일국가 란상(Lan Xang)이 세워졌다. 라오스의 공식적인 역사는 이때부터 시작되었다고 할 수 있다. '란상'은 라오어로 '백만 마리의 코끼리'라는 의미로, 이 지역에 코끼리가 많이 서식했음을 보여준다. 동남아시아의 다른 국가들과 비교해 길지 않은 역사를 가지고 있는 라오스는 내부 분열로 인한 내전과 베트남, 미얀마, 타이 등 주변국의 침략으로 많은 어려움을 견뎌야 했다. 라오스는 내륙국가라는 지정학적 요인 때문에 주변국의 침입을 수시로 받아야 했고, 주변국의 흥망성쇠에 쉽게 영향을 받을 수밖에 없었다.

현재까지도 라오스의 국부(國父)로 추앙받고 있는 파굼(Fa Ngum)은 여러 지역에 흩어져 있던 호족 세력을 하나로 통합해 란상 왕국을 세움으로써 최초로 라오스라는 정체성을 부여한 인물이다. 파굼은 무앙수아(Muang Soua, 현재의 루앙프라방)을 수도로 삼고, 당시 주변국인 앙코르(Angkor) 왕국과 아유타야(Ayutthya) 왕국 등의 틈바구니에서 영토를 확장하는 동시에 소승불교를 도입했다. 그는 학자·승려·장인으로 구성된 주변 각국의 사절단을 맞이했는데, 그들은 수많은 불경과 프라방(Phrabang)이라 불리는 스리랑카의 황금 불상을 가져왔다.

전쟁에 대한 파굼의 끝없는 욕망으로 라오스의 영토는 빠르게 확장되었다. 파굼 사망 이후 그의 아들 삼센타이(Sam Sen Thai)*가 왕위를 계승했다. 그는 인구조사를 통해 노역, 병역 및 조세제도의 기반을 확립했다. 그는 부왕과는 달리 평화를 지향했다. 그는 두 명의 타이 — 치앙마이(Chiang Mai) 및 아유타야 — 공주와의 정략결혼으로 주변국과 동맹을 맺고자 했다. 삼센타이는 조직의 통합자로 라오스 곳곳에 탑을 건설하고 불교 승려들의 위상을 강화했다. 또한 당시 수도였던 루앙프라방을 무역의 중심지로 발전시켰다.

란상 왕국은 1520년에 왕위에 오른 포티사랏(Photisarath) 왕에 이르기까지 인도차이나 반도의 강력한 국가로 성장했다. 그러나 미얀마, 시암(Siam, 타이 왕국의 옛 이름)과의 전쟁으로 왕국은 서서히 쇠퇴해갔고, 급기야 1560년에 셋타티랏(Setthathirat) 왕은 미얀마의 침공을 두려워해 수도를 위양짠(Vieng Chan, 현재의 비엔티안)으로 옮겼다. 그리고 그곳에 오늘날 라오스의 상징이 된 탓루앙(That Luang)을

* '삼센타이'는 '30만 명 타이인의 왕'이라는 의미다. 이 이름을 통해 당시 라오인과 타이인의 정체성에 차이가 없었음을 알 수 있다.

탓루앙

건축했다.

이후 약 100년간 미얀마의 침입과 내부 분열로 혼란에 빠져 있던 란상 왕국은 술리나웅사(Souligna Vongsa) 왕이 즉위한 후 일시적으로 안정을 누렸다. 그는 라오스 왕조 역사상 가장 오랫동안 나라를 통치했으며(1637년부터 1694년까지 총 57년), 많은 업적을 쌓아 란상 왕국의 '황금기'를 연 인물로 오늘날까지 평가받고 있다. 술리나웅사의 지도 아래 란상 왕국은 국제무대에서 위용을 되찾았으며, 평화조약을 통해 국경 지역을 안정시킬 수 있었다. 그러나 그가 후계자 없이 사망하자 란상 왕국은 분열되어 세 개의 도시국가(무앙수아 왕국·위양짠 왕국·참파삭 왕국)로 쪼개졌다.

분열로 힘이 약해진 세 왕국은 18세기부터 19세기에 이르기까지 외세의 침략에 시달렸다. 외세의 침략은 1778년 절정에 달해 위앙짠은 베트남에 점령되었고, 무앙수아는 미얀마에, 참파삭은 시암에 점령되었다. 또한 북쪽 지역에는 중국인과 마적의 침입이 계속되었다.

1805년에 즉위한 위앙짠의 차오아누(Chao Anou) 왕은 시암에서 교육을 받았다. 시암 왕국은 라오스 땅을 완전히 복속시키고자 라오스의 왕자를 어려서부터 타이 문화로 교육시켰다. 그러나 차오아누 왕은 본국으로 돌아가 왕위에 오르자 타이 문화보다는 라오스 문화를 복원시키고자 노력했다. 그의 영향력은 루앙프라방까지 미쳤고, 이에 불만을 품은 시암 왕국이 위앙짠을 향해 진격했다. 차오아누 왕은 시암 왕국으로부터의 지배에서 벗어나고자 베트남과 연합해 전쟁을 벌였으나, 오히려 패퇴하고 위앙짠은 초토화되었다. 시암 왕국은 수많은 라오인을 자국 영토로 이주시켰고(이때의 대규모 강제 이주로 인해 현재 라오스 인구가 적다는 견해도 있다) 시암 주민은 라오스로 이주시켰다. 이와 같은 혼란을 통해 메콩 강 유역은 시암, 동북부 산간 지역은 베트남에 의해 병합되면서 라오스는 자칫 역사에서 사라질 위기에 처하기도 했다.

프랑스 식민통치와 독립

19세기 중반 베트남과 캄보디아를 식민지화한 프랑스는 라오스 지역에 대한 전략적인 관심을 갖게 되었다. 이에 당시 메콩 강 지역을 관할하던 시암 왕국에 압력을 가해 강변 동쪽 지역을 프랑스 식민령으로 삼았다. 이후 1893년 프랑스는 시암 왕국과 조약을 체결해 현재 라오스 영토와 거의 같은 영역을 보호령으로 귀속시켰다. 1899년 프랑스 식민정부는 이 지역을 라오스라 칭했고, 이 이름은 현재 국호의 시초가 되었다.* 프랑스 식민지 시대는 아이러니하게도 라오스의 존재를 재부각시키는 결과를 낳았다.

자원이 빈곤하고 평야지대가 적은 라오스를 프랑스가 적극적으로 귀속시킨 까닭은 지정학적 위치 때문이었다. 프랑스는 라오스 땅을 자국에 복속시킴으로써 미얀마까지 세력을 뻗친 영국과 시암 왕국을 견제하고자 했다. 프랑스 식민지화 이후 메콩 강은 미얀마와 라오스, 시암(타이)과 라오스의 국경을 가르는 기준이 되었다.

시암 왕국은 민족주의자들을 중심으로 시암과 라오스가 한 국가임을 강조하며 연대를 복원하기 위한 노력을 지속했다. 그러나 프랑스 역시 라오스를 시암 왕국으로부터의 영향력에서 벗어나게 하기 위해 인도차이나를 연결하는 대규모 도로 건설을 추진했다. 또한 라오스 전 지역을 식민지화하기 위해 무앙수아의 왕을 라오스 국왕으로 승격시키고 비엔티안을 행정수도로 삼았다. 식민정부 아래 국왕은 허울뿐이었고 모든 권한은 비엔티안의 프랑스 고위관리와 루앙프라방의 부영사에게 있었다. 그러나 프랑스의 라오스 지배는 다른 식민지에 비해 덜 엄격했다. 라오스 왕실은 존중되었고 지방 지배체제, 관습, 전통도 그대로 유지할 수 있었다. 라오스 국왕은 실권을 갖지 못한 채 명맥만 이어갔지만, 주변국의 압력에서 벗어나기 위해 프랑스의 식민통치에 대해 우호적인 입장을 견지했다.

라오스는 자연환경이 척박하고 천연자원이 빈곤하기 때문에 프랑스가 라오스로부터 경제적 이익을 얻을 수는 없었다. 이 때문에

* 프랑스인은 모음으로 끝나는 단어에 's'를 붙이되 발음은 하지 않기 때문에 'Lao'를 'Laos'로 표기하고 '라오'라고 읽었다. 그런데 이 표기가 영어식으로 읽히면서 '라오스'라는 국명이 국제 사회에 통용되기 시작했다. 라오인은 라오라고 불리는 것을 더욱 선호한다.

강대국의 식민통치에서 흔히 볼 수 있는 자원 약탈을 위한 철도 및 도로 건설이 라오스에서는 상대적으로 부진했다. 오히려 프랑스는 라오스 통치에 드는 비용을 최소화하기 위해 베트남에 통치권을 맡겼다.* 그럼에도 프랑스가 라오스를 굳이 식민지로 삼은 이유는 베트남에서 수행하고 있는 집약적 식민 활동을 위한 배후지로, 식민지 쟁탈전의 경쟁국인 영국의 진출을 막기 위한 완충지로, 또한 훗날 시암(타이)에 대한 프랑스의 영향력을 확대하기 위한 교두보로 활용하고자 함이었다.

그러다 제2차 세계대전 당시 일본이 잠시 프랑스를 몰아내고 라오스를 점령하게 되었다. 1945년 4월부터 8월까지 불과 5개월도 채 되지 않는 기간이었다. 이때 프랑스의 후퇴를 목격한 라오인들은 프랑스가 절대 권력이 아님을 알게 되었고, 민족주의자들을 중심으로 한 독립운동을 전개하기에 이르렀다. 프랑스는 라오스를 재식민지화하려고 했으나 라오인들은 '라오 이사라(Lao Issara, 자유 라오스)'라는 조직을 결성하고 무조건적인 독립을 주장했다. 나아가 독립운동을 지도했던 페사라트(Phetsarath) 왕자는 비엔티안에 정부를 수립하고, 1945년 9월 1일 라오스의 독립을 선언했다. 그러나 프랑스는 라오스를 독립국가로 인정하지 않고 라오스 내 저항세력 진압에 착수했다.

당시 국왕이었던 시사왕웡(Sisavang Vong) 왕은 프랑스 측에 가담해 라오스의 정권을 장악했으며, 1946년 새로운 보호령의 합법적인 왕으로 즉위했다. 이에 비엔티안의 독립운동 세력은 메콩 강을 넘어 피신한 후 추방당한 페사라트 왕자를 추대해 방콕에 망명정부를 수립했다. 결국 프랑스는 1949년 7월 프랑스 연방 아래에서의 자치를

* 오늘날 비엔티안과 사반나케트 등 라오스의 주요 도시에 수많은 베트남인이 거주하는 것을 볼 수 있는데 이는 프랑스 식민통치의 유산이기도 하다.

라오스 왕궁(현재 루앙프라방 국립박물관)

허용해 라오스의 독립을 공식적으로 인정했다. 이후 1953년 10월 라오스는 입헌군주제의 왕립라오정부(Royal Lao Government)를 세우며 주권국가로서의 지위를 확보했고 프랑스 세력은 완전히 물러났다.

냉전과 라오스

어려운 투쟁 끝에 이룬 독립이었으나 신생국이었던 라오스가 처한 국내외적 환경은 매우 복잡하고 불안정했다. 베트남과의 디엔비엔푸 전투에서 프랑스가 패퇴하자 미국은 인도차이나에 진출, 반공적인 성격을 띤 동남아시아조약기구(Southeast Asia Treaty Organization: SEATO)를 결성하며 라오스에 군사 원조를 시작했다. 이에 우파(친미

파)와 급성장한 공산좌파 세력인 파테트라오(Pathet Lao)가 대립하게 되었고, 결국 내전이 발발했다.

냉전시대 국제체제 속에서 자본주의와 공산주의의 극한 대립은 라오스 좌우 진영의 갈등을 더욱 가속화시켰다. 좌파, 우파, 중립왕정파 등의 연쇄 쿠데타로 라오스는 혼란의 시간을 보냈다. 라오스 내정은 공식적인 왕이자 철저한 중립주의자인 수바나품(Souvannaphoum) 왕자*, 우익 성향으로 미국의 정책에 동조한 참파삭의 분움(Bun Oum) 왕자, 새롭게 형성된 공산좌파 세력 파테트라오의 수파누봉(Soupha Nouvong) 왕자의 3개 세력으로 분열되면서 더욱 악화되었다.

1957년 수바나품 왕자가 이끄는 왕정체제(Royal Government of Laos) 아래 수파누봉 왕자가 이끄는 좌파 세력인 라오국민전선(Lao National Front)**이 합류하면서 제1차 연립정부가 세워졌다. 그러나 이듬해인 1958년에 실시된 선거에서 좌파가 승리를 거두자 미국은 라오스에 대한 모든 원조를 중단하겠다는 선언을 했고 이에 놀란 왕정은 수파누봉을 감옥에 가두었다. 이에 라오국민전선이 현재의 후아판(Houaphanh) 지역으로 물러가면서 제1차 연립정부가 붕괴되었다. 그 후 몇 년간 라오스 동북부 지역에서 좌파와 우파 간의 치열한 내전이 벌어졌다. 1961년부터 1962년까지 3개 정파 간에 정전(停戰)이 이루어지고 제2차 연립정부가 성립되었으나 이 역시 1년도 가지 못해 붕괴되었다. 이후 미국의 지원을 받은 우파와 북베트남의 지원을 받는 파테트라오 간의 격렬한 전투가 이어졌다. 라오스 내전은 미국과 베트남의 전쟁과 연계되어 더욱 격렬해졌다. 라오스는 중립국이었지만 미국은 우익 정부에게, 소련은 좌익 게릴라에게 무기를

* 공산주의자였던 그는 붉은 왕자(red prince)라고도 불렸다.

** 이후 파테트라오로 개명했다. 파테트라오는 오늘날 라오인민혁명당의 모체다.

공급하며 지원했다.

1950년대 초 창립된 라오인민혁명당은 카이손 폼비한(Kaysone Phomvihane)에 의해 주도되었다. 그와 라오인민혁명당 지도부는 삼느아(Sam Neua) 지역과 씨엥쾅 지역의 고지대를 전전하면서 미국의 폭격을 견뎌나갔다.* 냉전 기간 중 라오스 왕립정권에서는 권력 투쟁, 쿠데타와 역(逆)쿠데타가 일상처럼 반복되었다. 또한 라오스의 공산화를 막기 위해 미국은 라오스 국가 예산의 대부분을 지원했으나 부패한 라오스 엘리트만 부유해질 뿐이었다.

한편 북베트남과 남베트남의 전쟁은 라오스에도 직접적인 영향을 미쳤다. 당시 전쟁을 위한 물품 수송로인 '호찌민 루트(Ho Chi Minh Route)'는 사반나케트 오른편에서 시작되어 라오스 동부의 대부분을 관통했고, 이로 인해 미국은 이 일대에 쉴 새 없이 폭격을 가했다. 엄청난 양의 폭탄, 제초제 그리고 고엽제를 동원한 항공 작전이 전쟁의 주요 패턴이었다. 1973년에 폭격이 중단될 때까지 총 209만 3,100톤의 폭약이 라오스에 투하되었는데, 이것은 하루 평균 177번, 즉 9년 동안 8분마다 비행기 한 대분의 폭약이 투하되었다는 것을 의미한다. 현재도 라오스 동북부 지역에서는 당시의 폭격으로 인한 상흔을 쉽게 발견할 수 있는데, 미폭발물(Unexploded Ordnance)을 제거하기 위한 프로그램이 미국 정부와 UN 등의 지원을 받으며 진행되고 있다.

파테트라오는 라오스 농민들의 지지를 받아 전쟁의 주도권을 잡았고, 1973년에 이르러 라오스 13개 주 중 11개 주를 장악했다. 베트남 전쟁에서 패배한 미국은 1974년 6월 라오스에서 완전히 철수했고, 파

* 미 중앙정보국(CIA)은 1964년부터 1973년까지 고산 부족을 동원해 '비밀전쟁(Secret War)'을 벌였다.

씨엥쾅 지역에서 발견된 불발탄

테트라오는 푸쿤(Phoukhoune) 지역에서 정부군을 제압한 후 비엔티안으로 입성했다. 마침내 1975년 12월 파테트라오는 우파로부터 권력을 완전히 이양받아 오늘날의 라오인민민주공화국을 세웠다. 사회주의 국가가 설립된 이후 왕정 주요 인사, 공무원, 의사, 교사, 소수민족 등 많은 라오인이 타이로 피신했으며 피난민의 수가 4만 5,000여 명에 달했다.

라오스의 주요 연표

1353년 파굼이 최초로 라오스 왕국 수립
1560년 셋타티랏이 비엔티안(위양짠)으로 천도
1700년 란상 왕국이 삼국으로 분열
1827년 차오아누 왕이 타이와의 전쟁에서 패퇴
1893년 프랑스가 시암 왕국과의 조약으로 라오스 종주권 획득
1941~1945년 일본의 라오스 점령
1949년 라오스 국가 지위 획득
1957년 파테트라오(라오인민혁명당)를 포함한 제1차 연립정부 구성
1962년 라오스를 중립국으로 하는 제네바협약 체결
1975년 왕정 폐지, 사회주의 정부 수립
1991년 신헌법 공포
1997년 ASEAN 가입

혁명정부 수립

권력을 잡은 라오스의 사회주의 혁명정부는 군주제와 왕립정권의 헌법을 폐지했다. 혁명정부는 저항 세력의 특별한 반대 없이 무혈 입성할 수 있었다.* 비록 일부 몽(Hmong)족 군인들이 혁명정부에 반발해 산발적인 저항을 벌였으나 결국 소멸되었다.

또한 혁명정부는 폐위된 라오스의 마지막 왕 시사왕 왓타나(Sisavang Vatthana)와 그 가족을 1977년에 재교육(samana)을 명분으로 후아판으로 추방했다. 당시 이 같은 재교육 정책으로 약 4만 명이 추방을 당했는데, 대부분 희생된 것으로 알려져 있다. 이들은 대개 산악 지역에 위치한 수용소에 갇혀 반복적인 정치 교육과 노동을 강요당했다. 특별한 학대나 육체적 고통을 당하지는 않았지만 산속에 고립되어 식량을 자급해야 하고, 의료시설 없이 수년간 지내는 것은 프랑스에서 교육을 받은 중산층이었던 그들에게 그 자체로 감옥이나 다름이 없었다. 따라서 재교육을 마치고 살아 돌아온 이는 거의 없었으며, 살아온 사람들도 원래 살던 도시에 재정착하지 못했다.**

왕족으로 라오인민혁명당과 함께했던 수파누봉 왕자는 라오스의 초대 대통령으로 취임했다. 파테트라오는 국민적 지지를 얻기 위해 당시 신망과 존경을 받았던 수파누봉을 전면에 세웠으나, 실권은 카이손 수상이 장악했다. 라오인민혁명당은 사회주의 국가 실현을 위해 마르크스·레닌주의를 도입했다. 이러한 역사적 배경은 오늘날까지 영향을 끼치고 있어 라오스 주요 부서나 행사장 등에서는 여전히 마르크스와 레닌의 사진이 나란히 걸려 있는 모습을 볼 수 있다.

한편 급격한 사회주의 모델 도입과 불교 탄압은 지식층과 종교 지

* 라오스 혁명정부는 34명에 대해 사형선고를 내렸으나 이들은 모두 이미 라오스를 탈출한 사람들이었다.

** 재교육을 뜻하는 samana는 영어로 세미나(seminar)를 의미하며, 이 때문에 라오인은 영어 'seminar'를 지금도 좋아하지 않는다.

현 대통령궁

도자 그리고 미국과 협력했던 소수민족의 대규모 탈출을 초래했다. 라오스의 주요 도시들은 메콩 강과 접경하고 있어, 이들이 '자유국가'인 타이로 탈출하는 것을 용이하게 했다. 이때 탈출했던 난민들의 귀환 문제는 여전히 라오스와 타이 사이의 주요 이슈로, 지금도 종종 라오스 신문 1면을 장식하곤 한다.

초창기에는 주로 정치적인 문제가 국경 이탈의 이유였지만, 이후에는 경제적인 문제가 요인이었다. 미국의 원조가 완전히 중단된 상태에서 라오스는 극심한 경제난을 겪었다. 국제 사회가 타이에 설립한 난민캠프의 여건이 라오스보다 더 나은 경우가 많았기 때문에 많은 라오인이 메콩 강을 건너 타이의 난민캠프에 들어갔다. 난민캠프에서 미국, 프랑스, 오스트레일리아 등 선진국으로 이민을 갈 수도 있었기 때문에 이러한 자격을 얻고자 국경을 넘는 경우도 있었다.

라오스 정부의 무차별적인 사회주의 도입과 베트남 공산화 모델에 대한 모방은 많은 반발과 부작용을 일으키며 실패로 돌아갔다. 또한 고급 인력의 부재와 생산 부진은 심각한 생필품 부족 현상을 일으켰다. 타이 및 서방국가 역시 라오스 정부에 대한 단교와 원조 중단을 시행해 상황은 더욱 악화되었다. 설상가상으로 1975년과 1976년에는 심각한 가뭄이 들어 라오스 농업 작황이 최악을 기록했다.

상황이 이러하자 사회주의 정부가 출범한 지 채 4년이 지나지 않아서 불교 탄압 완화, 국영농장 및 집단생산 폐지, 전통문화 복원 등이 시도되었다. 1980년대 중반 이후에는 경제자유화 정책이 펼쳐지며 시장경제가 도입되었다. 라오스는 사회주의 국가로서 그 이념과 체제를 깊게 뿌리 내릴 시간이 부족했다. 냉전 붕괴라는 새로운 국제 질서를 받아들여야 했고, 공산주의 체제를 세웠던 정부는 새로운 역사를 쓰기 위한 근본적인 개혁을 실시해야 했다.

라오스의 주요 정치인

수파누봉(Soupha Nouvong)

1909년 루앙프라방에서 출생한 수파누봉은 왕족 출신이자 라오인민혁명당 창립 멤버였다. 대중의 인기에 힘입어 초대 대통령으로 취임했으나 실권을 장악하지는 못했다. 1975년에 대통령 및 최고인민회의 의장으로 임명되었고 1991년에 물러났다.

카이손 폼비한(Kaysone Phomvihane)

1920년 사반나케트에서 출생한 카이손은 베트남인과 라오인 부모 사이에서 출생했다. 하노이법과대학교에서 유학했으며, 호찌민 세력과 연대해 라오스공산당 창설에 결정적인 역할을 했다. 일선에 나타나지 않다가 1975년 혁명정부가 세워지자 총리로 정치 전면에 나섰으며, 1992년에 사망할 때까지 라오스 정치의 핵심 인물로 활동했다. 그의 영향력은 현 정치 지도층에게까지 강하게 남아 있으며, 라오스 화폐에는 카이손의 초상이 들어가 있다.

추말리 사야손(Choummaly Sayasone)

1936년 아타푸에서 출생한 추말리 현 대통령은 군부 출신이다. 1954년 파테트라오에 합류한 추말리는 1991년 국방장관과 2001년 부통령을 역임한 후 2006년 대통령으로 취임했다. 추말리 대통령은 인민혁명당 최고 서기장을 겸직하고 있으며, 국가권력 서열 1위로 현 라오스 정치의 명실상부한 최고 권력자다.

보수 성향인 추말리 대통령은 진보 성향의 부아손 부파반(Bouasone Bouphavanh) 전 총리를 임기 이전에 사임시키고 국회의장이던 보수파 통싱 탐마봉(Thongsiong Thammavong)을 수상으로 임용해 권력의 위용을 과시했다.

라오스의 민족과 언어

주요 민족

라오스는 동남아시아에서도 인구밀도가 가장 희박한 국가이지만, 매우 다양한 소수민족이 거주하고 있는 나라다. 라오스 정부 내에서 소수민족 문제를 담당하고 있는 라오국가건설전선(Lao Front for National Construct: LFNC)이 공식적으로 인정한 소수민족은 49개이지만, 하위 민족은 160개 이상이며 일부 학자들은 820~850개 이상의 소수민족이 살고 있는 것으로 추정하고 있다.

라오스의 소수민족들은 각기 고유의 언어·관습·전통을 유지하며 살고 있다. 라오스에 소수민족이 많고 이들이 지금까지 자신의 문화를 보존하며 살 수 있었던 것은 라오스의 지형적 환경에 기인한다. 라오스는 험준한 산이 많아 지역 간 교류 없이 부족끼리 자급자족하며 살아가는 경우가 많다.* 또한 메콩 강이 라오스 전역에 흐르고 있어 물과 식량을 얻을 수 있는 강변을 거점으로 생존하는 데 어려움이 없다. 이러한 점들 때문에 라오스의 소수민족은 외부와의 접촉 없이도 수백 년간 명맥을 유지할 수 있었다.

라오스의 소수민족에 대한 구분은 항상 논쟁의 대상이다. 보통 '낮은 지대에 사는 라오인'이라는 의미의 라오룸(Lao Loum)**, '비교적 고지대(해발 300~900m)에 사는 라오인'인 라오퉁(Lao Theung), '높은 산악지대(해발 1,000m 이상)에 사는 라오인'인 라오쑹(Lao Soung)

* 소수민족이 가장 다양하게 살고 있는 곳은 북부 산악지대인 루앙남타(Luang namtha)로 39개 부족이 있다.

** 본문에 특별한 언급이 없다면 라오인은 라오룸을 뜻한다.

등 크게 3개의 민족으로 구분한다. 라오국가건설전선은 언어·문화를 중심으로 크게 라오-타이(Lao-Tai), 몽 -크메르(Mon-Khmer), 시노-티베트(Sino-Tibetan), 흐몽-미엔(Hmong-Mien) 등 4개의 종족으로 구분하고 있다. 라오국가건설전선은 2005년 인구조사를 통해 라오-타이가 라오스 총인구의 66.2%, 몽-크메르가 23%, 흐몽-미엔이 7.4%, 시노-티베트가 2.7%를 차지하고 있다고 밝혔다. 라오국가건설전선이 발표한 라오스의 소수민족 및 세부 구분은 45쪽 〈표 3〉과 같다.

지배 종족인 라오룸과 피지배 종족인 라오쑹 사이에는 보이지 않는 갈등이 있다. 라오스 정부는 라오룸과 라오쑹의 갈등을 완화하기 위해 민족 구분 시 라오룸, 라오쑹, 라오퉁을 공식적으로 사용하지 않기로 했다. 하지만 라오인들이 정부의 민족 구분을 낯설어하는 탓에 기존 명칭인 라오룸, 라오퉁, 라오쑹이 여전히 통용되고 있다.

라오룸은 현재 중국 동남부 윈난 성 지방의 대부분을 차지하고 있는 타이족에서 파생된 민족이다. 대개 불교를 신봉하고 있으며, 도시 및 평야 지역에 거주하고 있기 때문에 일반적으로 부유하다. 정치·경제의 핵심 요직도 대부분 라오룸이 차지하고 있다. 중국에서 전래된 벼농사 기술에 탁월한 능력을 보인 라오룸은 메콩 강 하류 평야지대의 지배권을 누구보다 빨리 확보할 수 있었고, 이를 통해 국가의 주요 제도와 전통의 창시자로 활약할 수 있었다. 이들이 사용하는 언어와 불교는 라오스의 공식 언어와 종교가 되었다.

라오룸에 속하는 라오-타이족 역시 라오룸과 기원이 같다. 이들은 대체로 라오스 북동부의 베트남 변경 지역에 거주하는데, 이들 마을에는 사원이 없고 정령신앙을 가졌다는 점에서 라오룸과 구별

된다. 라오-타이족은 프랑스 식민정부의 라오스 통치를 돕기도 했으며, 치앙마이 등 타이 북동부 지역의 거주민들과 유사한 생활양식을 갖고 있다.

라오쑹은 대부분 북동부 지역에 거주하고 있으며, 지난 200년 동안 중국에서 이주해 온 종족이다. 주요 부족으로는 몽족, 아카(Akha)족, 야오(Yao)족*이 있다. 이들의 언어는 중국어나 티베트·버마어족과 유사하며, 외모는 라오룸보다는 몽골인과 더 비슷하다. 일부 라오인은 그들을 중국 민족으로 보기도 한다. 라오쑹의 거주 지역은 다른 종족과 확연이 달라 주로 1,000m 이상의 고지대를 선호한다. 씨엥쾅, 후아판, 루앙프라방, 싸야부리(Xayabury) 지방에는 라오쑹이 비교적 큰 규모로 거주하고 있다. 라오쑹은 쌀과 옥수수를 주식으로 하며 화전(火田)을 통해 곡식을 수확한다. 고산지대에 거주하는 만큼 독자적으로 살아가는 데 익숙하며 자급자족의 경제구조를

〈표 3〉 라오국가건설전선의 소수민족 구분

소수민족	세부 구분
라오-타이족	라오족, 푸타족, 타이족, 루족, 그누안족, 융족, 색족, 타이느아족
몽-크메르족	까무족, 쁘라이족, 싱무족, 콤족, 틴족, 이두족, 빗족, 라멧족, 삼따오족, 까땅족, 마꽁족, 뜨리족, 뜨리엥족, 따오이족, 예족, 브라오족, 바락족, 까뚜족, 오이족, 끄리엥족, 이루족, 수아이족, 그나흔족, 라비족, 깝깨족, 크메르족, 뚬족, 응우엔족, 므앙족, 끄리족
시노-티베트족	아카족, 싱가사리족, 라후족, 실라족, 하이족, 롤로족, 호족
흐몽-미엔족	흐몽족, 미엔족

* 미엔(Mien)족이라 불리기도 한다.

이어오고 있다. 라오쑹은 자신들의 독자적인 자치문화를 유지하려 하며, 이들 부족의 마을은 중국, 타이, 미얀마, 베트남에도 있다.

라오쑹에 속하는 몽족은 미국의 지원 아래 과거 파테트라오와 전쟁을 벌였다. 미국 CIA에 고용되어 일을 하기도 한 몽족은 1만 명 이상이 전쟁으로 사망한 것으로 추정된다. 1975년 라오스에 사회주의 정권이 들어서자 인구의 약 8%에 해당하는 30만 명 이상의 라오인이 미국과 타이로 망명했는데, 그 대부분이 몽족으로 현재까지 타이에는 그 난민캠프가 존재하고 있다. 내전 당시 몽족군을 이끌었던 방파오(Vang Pao) 장군은 최근까지 미국에 체류하면서 반(反)정부 활동을 벌여왔다.

라오스가 개방정책을 시행한 이후 미국으로 피신했던 몽족이 가족이나 친지를 만나고자 라오스에 방문하는 한편, 타이 난민촌에 거주하던 몽족의 귀환 문제가 불거지고 있다. 몽족 문제는 비교적 평화로웠던 라오스 사회의 불씨가 될 가능성이 있다. 실제로 타이 북부 지방의 펫차분(Phetchabun) 지역을 중심으로 약 8,000명의 몽족이 난민캠프에 남아 있다가 이 중 일부가 송환되자 세계인권단체가 강하게 반발하는 일이 벌어졌다. 국제기구 및 세계인권단체 들은 몽족이 라오스 사회주의 정부의 탄압을 피해 밀입국한 것이므로 본국으로 송환될 경우 처벌과 고문을 받게 될 것을 우려하고 있지만, 타이 정부는 이들 대부분이 경제적인 동기로 이주한 불법 입국자라는 입장을 보이고 있다. 몽족의 송환을 놓고 타이와 라오스, 국제기구 사이에 앞으로도 미묘한 갈등과 긴장관계가 지속될 것으로 보인다.

몽족은 부지런하며, 열악한 산악지대에서도 화전을 일굴 만큼 집단의식과 생존력이 강한 편이다. 이 때문에 라오스 여행사나 식당에서 몽족을 많이 채용하는 편이다. 저지대 주민과 달리 몽족은 대나무 위가 아닌 땅 위에 집을 짓는다. 대가족이 모두 한집에서 생활하며 각 가족은 연장자 남성이 이끄는 씨족 생활을 한다. 조상신, 정령의 세계와 의사소통하는 것이 족장의 주요 임무다.

라오퉁은 주로 북부와 남부 산악 지역에 거주하고 있으며, 대부분 애니미즘을 신봉하고 있다. 오스트레일리아·인도네시아계 원주민으로 라오스에서 가장 인구 비중이 큰 소수민족이다. 이 종족은 대개 강 상류 고지대에서 거주하지만 해발 1,000m 이상에서는 잘 살지 않는다. 이들이 쓰는 언어는 몽-크메르어이며 표기 수단은 없다. 까무(Khmu)족은 라오퉁의 가장 대표적인 종족이며, 북부 지방 및 남부의 고원지대에서 찾아볼 수 있다. 주요 재배 작물은 쌀·옥수수·면화·담배·바나나 등이다.

라오퉁의 생활 방식은 농경과 유목이 혼합된 형태다. 대부분 화전을 통해 생계를 꾸려가는 생활방식을 갖고 있어 사회적 문제를 일으키기도 한다. 라오퉁은 대개 결속력이 약한 편이고, 교육 수준도 낮아 라오스의 하층민을 구성하고 있다. 경제적 기반이 취약해 가난한 사람들이 많고, 가정부·청소부 등 가장 열악한 직종에 종사하고 있다. 최근 군인과 경찰직에 많이 진출하고 있으나 고위직은 여전히 라오룸이 장악하고 있다.

언어

라오스의 공용어는 라오어*다. 고유어를 사용하는 소수민족들도 초등학교에서 라오어를 교육받아야 한다. 라오스 역시 지역별로 방언이 존재하고 있어 대화를 통해 북부, 중부, 남부 출신을 쉽게 구별할 수 있다.

라오어는 타이어 계열에 속하는 언어로 타이인과 의사소통에 어려움이 없을 정도로 유사하다. 더구나 라오스에서 방영되는 텔레비전 프로그램 다수가 타이 방송의 프로그램이라 라오인 대부분은 타이어를 외국어로 인식하지 않는다. 오히려 대중문화를 통해 유입되고 있는 수많은 타이 용어가 그대로 통용되고 있어, 이에 대한 우려의 목소리가 나오고 있는 실정이다.

라오어는 기본자음 26자와 특수자음(복합자음) 6자, 단모음, 장모음, 특수모음 등 총 28자의 모음으로 구성되어 있다. 자음은 높은 음, 중간 음, 낮은 음 등으로 나누어진다. 라오어의 자음은 성조에 따라 3개의 그룹으로 나누어지며 총 33개의 자음(외국어를 위한 별도의 자음 1개 포함)이 있다. 모음은 장모음과 단모음으로 나누어진다. 어순은 영어와 비슷한 주어·동사·목적어 순이며, 시제가 없어 문법이 단순하다. 평서문의 끝을 올리면 쉽게 의문문을 만들 수 있다. 따라서 단어를 많이 암기하는 것이 라오어 실력을 진전시키는 가장 중요한 요소다.

라오어 학습의 최대 난제는 성조 익히기다. 라오어는 자음과 모음을 포함해 6개의 성조가 있어 같은 발음이라 해도 성조에 따라 뜻이 달라진다. 성조는 각 글자에 부가해 기록한다. 성조 때문에 라오어

* 라오인은 라오어를 파싸 라오(Pasa Lao)라고 한다.

를 배우기가 어렵게 여겨질 수 있지만 발음만 정확하다면 앞뒤 대화의 맥락에 따라 말뜻을 이해할 수 있기 때문에 라오인과 대화하는데 크게 불편하지 않다.

라오어 문자는 고대 수코타이 문자에 기초하고 있다. 라오어 문자는 타이어 문자보다 고대 문자처럼 느껴지는데 그것은 타이어 문자가 시대에 맞춰 변화한 것에 비해 라오어는 거의 변형되지 않았기 때문이다.

비엔티안에 가면 라오어를 배울 수 있는 기회가 많다. 라오스국립대학교에서는 외국인들을 위해 정기적으로 라오어 회화를 배울 수 있는 강좌를 개최하고 있다. 라오스 한인교회에서도 한국인들을 위한 라오어 회화프로그램을 운영하고 있다. 그밖에 라오·아메리칸 랭귀지 센터(Lao·American Language Center), 미타팝 스쿨(Mittaphab School) 등에서도 라오어를 배울 수 있다.

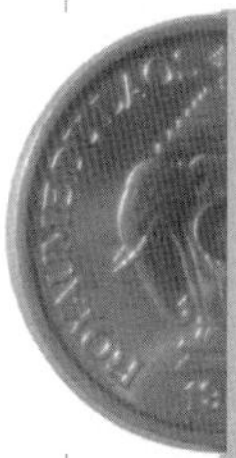

라오어 몇 마디

[일상 대화]

안녕하세요: 사바이디(Sabaidee)

감사합니다: 컵짜이(Khopchoi)

미안합니다: 커톳(Khotort)

괜찮습니다: 보펜양(Bophenngan)

얼마예요?: 타오다이(Taodai)

너무 비쌉니다: 펭 라이(Peng-Lai)

맛있습니다: 셉(Sehp)

한국(인): 까오리(Khaoli)

네: 짜오(Chao)

아니요: 버(Bo)

알겠습니다: 카오짜이(Khaochai)

모르겠습니다: 보카오짜이(Bokhaochai)

도와주세요: 커쑤와이데(Kusouwaide)

[숫자 및 화폐단위]

1: 능(Neung), 2: 송(Song), 3: 삼(Sam), 4: 시(Si), 5: 하(Ha), 6: 혹(Hok), 7: 짼(Chet), 8: 펫(Phet), 9: 까오(Kao), 10: 십(Sip), 11: 십엣(Sipet)

100: 능로이(Neungloi) 1,000: 판킵(Pan Kip), 2,000: 싸오판킵(Saopankip), 5,000: 하판낍(Hapankip), 1만: 십판킵(Sippankip), 10만: 능센킵(Neungsenkip), 100만: 능란킵(Neunglankip)

[요일]

월요일: 완짠(Wanchan), 화요일: 와낭칸(Wanangkhan), 수요일: 완풋(Wanput), 목요일: 완파핫(Wanphahat), 금요일: 완숙(Wansuk), 토요일: 완사오(Wansao), 일요일: 와나팃(Wanathit)

오늘: 므니(Muni), 내일: 므은(Meun), 어제: 므완니(Meuwanni)

이번 주: 아팃니(Athitni), 이번 달: 드안니(Deuanni), 올해: 피니(Piini), 지금: 디아오니(Diaoni)

[시설]

식당: 한아한(Hanahan), 학교: 홍히안(Honghian), 병원: 홍머(Hongmer), 버스터미널: 사타니롯메(Sathanilotme), 호텔: 홍햄(Hongham), 공항: 사남빈(Sanambin), 시장: 달랏(Dalat), 경찰서: 사타니땀루앗(Sathanithamluat), 대사관: 사탄툿(Sathantut), 우체국: 바이싸니(Baisani)

[교통 수단]

자전거: 롯팁(Loteep), 오토바이: 롯짝(Lotchak), 승용차: 롯켕(Lotkeng), 버스: 롯메(Lotme), 승합차: 롯뚜(Lottu), 보트: 흐아(Heua), 비행기: 뇬빈(Nyonbin)

[가족]

어머니: 매(Mae), 아버지: 퍼(Phor), 할아버지: 뿌(Pu), 할머니: 냐(Nya), 형: 아이(Ai), 언니: 으아이(Euay), 남동생: 넝사이(Nong Say), 여동생: 넝사오(Nong Sao), 사촌: 란(Lan)

라오스의 문화

라오인

어느 책에서 '관광을 하려면 타이로 가고, 유적을 보려면 캄보디아·미얀마로 가고, 사람을 만나려면 라오스로 가라'는 글을 읽은 적이 있다. 라오스는 단순한 관광지나 유적을 뛰어넘는 '사람'이 있다는 의미에서 공감을 느낄 수 있는 나라다.

라오스에 처음 방문한 사람들은 '라오인의 미소'에 감탄한다. 라오스의 최대 매력은 바로 사람들의 미소에 있는 것 같다. 비엔티안과 같이 도시에서는 그 매력이 점차 희미해지고 있으나 루앙프라방이나 싸야부리와 같은 곳에 가면 아직도 라오인의 순수함을 느낄 수 있다.

물론 라오인의 삶에도 고난과 불평, 갈등이 있다. 사람 사는 곳은 세계 어느 곳이나 비슷하기 때문이다. 그러나 라오인은 기본적으로 사람을 좋아하고 반기는 습성이 있다. 낯선 이가 집에 찾아오면 경계하기보다 대접하기 바쁘다. 그래서 라오인을 만나면 우리가 잃어버리고 그리워하는 예전의 정겨웠던 모습을 추억하게 된다.

보펜양과 짝 너이

라오인을 가장 잘 설명하는 대표적인 것이 '보펜양 문화'다. 보펜양은 한국어로 '괜찮아', 영어로 'No Problem'이란 뜻이다. 라오스에서는 보펜양이란 말을 쉽게 들을 수 있다. 라오인들은 무슨 문제가 있어도 보펜양, 칭찬을 받아도 보펜양, 사과를 받아도 보펜양이라고 답한다. 그런데 보펜양 문화는 간혹 문화적 충돌을 일으키기도 한다.

몇 년 전 실제 있었던 일이다. 수파누봉대학교에 온 한국인 봉사자가 학교의 라오인 관계자와 만나기로 약속했다. 아침 9시쯤 만나기로 했는데 9시 30분이 지나도 관계자가 나타나지 않자 한국인 봉사자는 불편한 마음이 들었다고 한다. 결국 라오인 관계자는 9시 50분이 넘어서야 모습을 드러냈다. 한국인 봉사자가 "왜 늦었느냐?"고 물었더니, 그 라오인은 "보펜양"이라고 대답했다. 한국인 봉사자는 그 라오인이 미안하다고 해야 할 상황에서 "보펜양"이라고 말하는 것에 화가 많이 났다며 필자에게 푸념했다.

필자는 한국인 봉사자의 마음을 이해하면서도 라오인이 왜 그렇게 대답했는지 수긍이 갔다. 라오인은 성격이 느긋한 데다 타인에게 엄격하지 않다. 9시에 만나자고 한 것은 한국 사람에게는 정각을 의미하겠지만, 라오인에게는 9시 언저리일 뿐이다. 약속 시간이 지났다고 분초를 다투며 연락해 다그치는 라오인은 보기 드물다. 라오인이 약속 시간을 잡을 때 보면 정확한 시각을 이야기하기보다 '오늘 오후' 또는 '내일 오전'처럼 뭉뚱그려 말하는 경우가 많다. 오전이나 오후가 한국인에게는 얼마나 긴 시간인가? 약속 시간을 맞추기 위해 다른 일은 하지 못하고, 꼼짝없이 시간을 허비할 때도 많다. 한국에도 과거 '코리언 타임'이라고 해서 사람들이 약속한 시간보다 늦게 모이는 문화가 있었다. 요즘에는 시간이 돈이고, 경쟁에서 앞서려면 철저한 시간관리가 필수라는 인식이 퍼져서 옛말이 되었다. 산업화가 가속화되면서 한국인의 의식과 생활습관은 많이 변화되었다. 그러나 라오인에게는 여전히 남는 게 시간이고, 서둘러서 좋은 것이 무엇이냐는 이야기가 통한다.

라오스는 1975년에 정부를 수립했지만, 국가의 근간을 이루는 헌법은 1991년이 되어서야 공포했다. 정부 수립 이래 무려 16년 동안 헌법 없이 지냈다는 것이 어디 상상이나 할 법한 일인가? 그러나 그러한 일이 가능한 곳이 라오스다. 국가 정체성이란 막중한 사안을 두고도 이렇게 시간이 걸렸으니 개인의 사사로운 사안에 대해서는 어떻게 대할지 충분히 짐작할 수 있다. 만일 라오인과 약속을 한다면 이러한 그들의 특성을 충분히 고려해야 한다.

라오인이라고 해서 불평불만이 없지는 않지만, 그들은 절대 공개적인 자리에서 그러한 감정을 드러내지 않는다. 잘못한 사람도, 타인의 잘못 때문에 손해를 본 사람도 "보펜양"이라고 한다. 누군가가 미안하다고 해도 고맙다고 해도 그냥 "보펜양"이라고 할 뿐이다. 좋은 게 좋다는 식이다. 사리를 분별하고, 맺고 끊는 것을 정확히 하려 드는 습성이 있는 사람의 관점에서는 이해가 되지 않을 수도 있다. 그러나 라오스에서 이러한 인식 그대로 살아간다면 라오인의 보펜양 문화에 깊은 분노와 상처만이 남을 것이다.

라오스는 먹을 것도, 돈도, 사람도 모두 부족한 곳이다. 따라서 서로 갈등하고 대립하기보다는 문제를 함께 끌어안고 가는 편이다. 사회적 불평등과 구조적 문제가 한없이 많은 곳이지만, 자신의 이권을 주장하기 위해 나서는 사람은 별로 없다. 라오스는 오토바이 운전자가 많아 교통사고가 잦은 편이지만, 서로 싸우거나 시비를 가리는 경우가 드물다. 또한 앞에서 느리게 가는 자전거 운전자가 있다고 해도 차량의 경적 소리가 거의 나지 않는다. 이것이 보펜양 문화다.

보펜양 문화는 장단점이 있을 뿐 그 자체로 좋고 나쁘다고 말할 수 없다. 소유할 수 있는 것이 적기 때문에 보펜양 문화가 살아가는 방식이 되었을 수도 있고, 달리 보면 보펜양 문화 때문에 소유하고 있는 것들이 여전히 적다고 할 수도 있다. 그러나 라오인은 너무 많이 생각하고 고민하는 것은 좋지 않다고 말한다. 그들은 반복적인 일상과 비계획적인, 즉흥적인 삶을 살아간다. 변화하는 삶이 경제적 이익과 빈곤으로부터의 해방을 준다 하더라도 선불리 변화를 선택하지 않는다.

이러한 라오인의 의식은 '짝 너이(Chak noi) 문화'를 알면 이해가 더 쉽다. '짝 너이'란 한국어로 '잠깐만요', 영어로는 'Just a moment'라는 뜻이다. 이에 관련해 필자가 살고 있는 수파누봉대학교의 직원아파트에서 경험한 일화를 소개하고자 한다. 필자가 입주할 당시 직원아파트는 신축 건물이었지만 현지의 건축 기술이 부족해 상하수도나 전력 시설, 누수 등 많은 문제가 있었다. 필자는 학교나 건축회사에 여러 번 보수공사를 요청할 수밖에 없었다. 그런데 "언제 고쳐주나?"라고 물으면 그들은 그때마다 어김없이 "짝 너이"라고 대답했다. 그런데 이 말을 곧이곧대로 믿어서는 낭패를 보기 십상이다. 그들에게 '짝 너이'는 몇 시간이 될 수도 있고, 며칠이 될 수도 있으며, 심지어 몇 달이 될 수도 있다. 라오인 스스로도 이러한 문화를 인식하고 있는지 이렇게 표현하는 것을 들었다. "라오스에서 내일이라 말하면 다음 주요, 다음 주라 말하면 다음 달이요, 다음 달이라 말하면 내년이다!"

대인관계

라오인이 가장 중요하게 생각하는 인간관계의 덕목은 조화다. 분노와 짜증 등의 감정을 지나치게 드러내는 것뿐만 아니라, 공공연하게 다른 이의 의견에 반대하거나 자신의 생각을 직접적으로 피력하는 것 역시 타인을 존중하지 않는 태도라 할 수 있다. 라오인은 화가 재앙이나 천재지변을 가져온다고 믿으며, 화를 내는 사람은 사회적으로 융화되지 못하는 미숙한 인격체로 여긴다. 또한 자신이 잘못을 했다 하더라도 상대가 화를 낸다면 상대에게 더 큰 잘못이 있다고 여긴다. 따라서 라오스에서는 아무리 화가 나는 상황이라도 묵묵히 일을 처리해나가는 것이 좋다.

라오인은 개인에 따라 차이는 있지만 일반적으로 권위에 대해 절대적으로 복종하는 태도를 보인다. 복종 역시 라오인에게는 중요한

라오인들도 빠를 때가 있어요

라오인은 대개 느긋해 보이지만 모든 일에서 느린 것은 아니다. 자신에게 필요할 때는 빠르고 신속하게 움직인다. 라오스는 전기료나 수도료를 요금징수원이 가가호호 직접 방문해 받는다. 이들은 신년이나 연말을 앞두고 빛의 속도로 공공요금을 징수해 간다. 명절 때 본인들이 필요한 돈을 받아 가기 위해서다. 이로 인해 가끔은 필자의 집 전기료가 우리 부부의 의사와 상관없이 연체되어 있었다!

덕목이다. 가령 회의에서 상사의 이야기에 반대 의견을 내는 것은 상상할 수 없는 일이다. 라오인은 자신의 의견을 분명하게 피력하지 않으며 '네'와 '아니요'라고 명확하게 말하는 경우가 드물다.* 라오인은 불만을 직접적으로 이야기하지 않는 대신 제3자의 잘못으로 돌릴 때가 많다. 또한 라오인은 축제의 경우를 제외하고는 공공연히 감정을 드러내는 일이 드물다. 라오인의 미소는 행복과 만족감의 표현이기도 하지만 당혹감이나 분노, 슬픔을 감추는 수단이기도 하다.

라오인은 인사할 때 두 손을 합장하여 가슴 높이 정도로 올리는데 이를 '놉(nop)'이라 한다.** 상대방이 연장자이거나 높은 지위에 있는 사람일수록 합장한 손을 더 높인다. 외국인의 경우 라오스 인사법 외에 악수를 하거나 목례를 하는 것도 큰 무리는 없다. 하지만 상대방이 합장하여 인사를 할 때는 합장으로 답례하는 것이 좋다. 놉은 인사할 때뿐만 아니라 선물이나 졸업장을 받을 때 감사의 표현으로도 쓰인다.

라오인은 상대방을 호칭할 때 가까운 사이에서는 대개 라오어로 '스린(selin)'이라고 하는 닉네임을 쓴다. 스린은 이름에서 일부를 딴 경우가 많다. 예를 들어 이름이 타비싸이라면 짧게 싸이라 불린다. 외국인과 교류가 많은 이들은 기억되기 쉽게 '조'나 '잭' 같은 서양식 스린을 쓰기도 한다.

정식으로 이름을 부를 때 남성의 경우는 보통 '탄(Tan)'을 붙이면 된다. 이름을 모르는 경우에는 상대방의 나이에 따라 호칭이 다른데, 나이가 많은 남성의 경우에는 '아이(Ai: 형, 오빠)', 나이가 많은 여성의 경우에는 '으아이(Euay: 언니, 누나)', 나이가 적은 경우에는 남녀

* 라오인이 '네'라고 대답할 때는 '동의'라기보다 '예의'인 경우가 많다.

** 라오쑹(몽족)은 놉 인사를 하지 않는다.

모두 '넝(Nong: 동생)'이라 부르면 된다.

결혼과 출생, 장례

결혼

라오인은 행사를 하기에 좋은 날씨인 건기 때, 특히 11월부터 2월 사이에 집중적으로 결혼을 한다. 최근에는 예식장에서 결혼식을 올리기도 해서 그 밖의 기간에 하기도 한다.

라오스의 결혼식은 오전과 오후에 나누어 진행된다. 오전에는 가족을 비롯한 주요 지인만이 참석한다. 이때는 바시(baci)* 또는 막켄(Makken)이라고 불리는 의식을 진행하기 위해 꽃과 음식으로 치장된 장식품을 준비한다. 참석자들은 장식품 주변에 모여 앉고, 가운데에는 마을의 무당이나 어른이 앉아 신혼부부의 결혼을 축하하는 주문을 외운다. 주문을 외운 후 가족과 친지가 하얀 실을 신랑 신부에게 묶어주며 건강과 행복을 기원한다. 이때 소정의 지폐를 묶어 신랑 신부에게 건네주기도 한다. 오후 또는 저녁에는 많은 하객이 참여한 가운데 성대한 행사를 치른다. 결혼식장에는 예식 장소와 시간이 적혀 있는 초대장을 받은 지인들이 참석한다.

만약 라오스에서 결혼식에 초대를 받았다면, 특히 지방의 경우 참석 시간에 유의해야 한다. 7시에 예식을 한다고 해서 정시에 맞춰 가면 하객이 거의 없는 것에 놀라게 될 것이다. 이 경우 8시 정도에 하객이 나타나기 시작해 결혼식의 하이라이트인 신랑 신부 행진이 있는 9시 직전에 집중적으로 하객이 몰린다. 이 때문에 멋모르고 초청

* 바시는 라오스의 대표적인 문화다. 결혼식뿐 아니라 멀리 여행을 떠나기 전, 중병이 나은 후, 새로운 건물을 지었을 때도 행해진다.

바시

장에 적힌 대로 시간에 맞춰서 갔다가는 지루한 시간을 보내기 쉽다. 따라서 결혼식 초대를 받았을 때는 주변 사람들에게 언제 가면 좋을지 확인한 후 여유롭게 출발하는 것이 좋다.

결혼식 하객은 초대장 봉투에 축의금을 준비해서 참석한다. 식장 입구에서 신랑 신부의 들러리들이 술이나 다과 등을 들고 하객을 맞이하는데, 이때 하객은 준비한 축의금을 그곳에 마련된 상자에 넣는다. 이어 신랑 신부를 비롯한 그 가족과 친지가 일렬로 서서 하객을 반기며, 하객은 악수나 놉 인사로 그들에게 축하 인사를 전한다.

식장에서는 하객들이 음식이 놓인 테이블에 앉아 담소를 나눈다. 이때 결혼식장에서는 1~2시간 정도 장내 아나운서나 초청가수가 노래를 부른다.* 이윽고 신랑 신부가 연회장 중앙으로 행진을 하면 하객들은 박수를 하며 신혼부부를 맞이한다. 신랑 신부와 가족은 연회장 앞에 도열해 참석한 하객들에게 감사를 표하고 기념사진을 찍는다. 기념사진을 찍고 나면 신랑 신부는 하객들의 자리를 차례로 찾아가 술을 권하기도 한다.

라오스 결혼식의 축하연에서는 모든 하객이 음악에 맞춰 '남봉(Namvong)'이라는 라오스 전통 춤을 춘다. 남봉은 남녀가 서로 짝을 이루어 마주 보며 가볍게 손과 발을 움직이는 춤이다. 보통 귀빈을 제일 먼저 중앙에 세우고, 이후 신랑 신부를 중심으로 남봉을 춘다. 여성만 모여 군무를 추는 남봉도 있다. 신랑 신부와 그의 친구들은 자정 또는 그 이후까지 남봉을 추며 결혼식을 만끽한다.

최근 라오스의 젊은 세대는 예식 비용의 과중함 때문에 결혼을 늦추는 경우가 많다. 예식 장소와 음식을 준비하기 위해서는 원화로 수백만 원이 필요한데, 이는 라오스의 서민에게는 부담스러운 가격이다. 그래서 요즘에는 결혼식 대신 약혼식이라 할 수 있는 약식의 행사만을 치른 후 부부생활을 시작하는 경우도 많다.

한국에서는 전통적으로 결혼 후 여자가 신랑의 집으로 들어가서 살지만, 라오인(라오룸)의 경우 반대로 남자가 신부의 집에 들어가 산다. 시집살이가 아닌 친정살이가 이들의 전통적인 결혼 문화인 것이다. 또한 남자는 결혼하기 위해 여자의 가족에게 지참금을 지불해야 한다. 지참금은 패물을 포함해 원화로 수백만 원에 이르며, 지참금을 지불하지 못할 경우에는 약혼을 미루거나 신부 가족의 농지에서 노역을 해서 이를 대신해야 한다. 라오룸 신랑은 결혼 후 짧게는

* 라오스에서는 연회에 대형 스피커를 설치해 최대한 크게 음악을 연주한다. 그 소리가 얼마나 큰지 옆 사람과 대화하기 힘든 수준이다.

3년, 길게는 평생 신부의 부모를 모시고 사는 전통을 가지고 있다. 다만 경제적 능력이 되면 분가를 할 수도 있다. 반면 라오쑹은 한국과 유사한 부계사회를 이루고 있어서 신랑 가족 중심으로 대가족을 형성하며 사는 모습을 흔히 볼 수 있다.

라오룸의 남자는 평균적으로 20대 중반, 여자는 20대 초반에 결혼한다. 라오쑹이나 라오퉁은 남자의 경우 20세 전후, 여자의 경우 10대 후반에 결혼을 한다. 한국과 마찬가지로 라오스도 학력이 높은 사람일수록 결혼 시기가 늦다. 라오쑹과 라오퉁이 라오룸에 비해 이른 나이에 결혼하는 것은 교육 수준에 따른 것이다. 특히 교육열이 낮은 소수민족 여성의 경우 15세 전후의 이른 나이에 결혼하는 경우도 있다. 필자가 소수민족인 대학교수의 집을 방문한 적이 있는데, 40세에 불과한 그 교수의 장모가 외손자를 두고 있었다.

이혼에 대한 국가적인 통계는 나와 있지 않지만, 필자는 주변에서 이혼한 가정을 의외로 많이 보았다. 또한 어느 정도 기반을 갖춘 중년 남성들이 20대 초중반의 여성과 재혼을 하는 경우도 많다. 라오스는 경제력을 갖춘 남성이 많지 않기 때문에 재력이 있는 중년 남성의 재혼 상대로 결혼하는 것에 대해 젊은 여성이나 그 가족이 크게 개의치 않는다. 또한 과거 한국 여성들이 재미 교포와 결혼하는 것을 선호했던 것처럼, 오늘날 라오스 여성 역시 재외 라오인과 결혼하는 것을 선호한다. 필자는 같은 대학에서 근무하던 라오스 여교수 두 명이 오스트레일리아에 있는 라오인 남성과 결혼하기 위해 직장을 그만두는 것을 보았다. 오스트레일리아에서 막노동을 하는 나이가 많은 남성이었지만, 지성인이라 할 수 있는 그 여교수들은 크게 고민하지 않는 듯했다. 그만큼 라오인들은 해외, 특히 선진국에서 사는 것을 큰 기회와 행운으로 여기고 있다.

출생과 장례

라오스에서는 아기가 태어나면 한 달 동안 누구나 아기를 낳은 집을 방문해 축하할 수 있다. 한 달이 지나면 가족, 친지가 모여 '억 드안(ouk duan)'이라는 바시 의식을 치르는데, 이때 승려를 불러 아기의 이름을 지어달라고 요청한다.

성인식은 보통 13세 전후에 치르며, 직계 가족과 가까운 친지가 모인 가운데 머리카락을 자르는 의식을 거행한다. 이때 소년은 일정 기간 승려로 생활하기 위해 사찰에 들어가는데, 최근 이러한 전통 의식을 행하는 경우는 많이 줄어들었다.

라오스 장례는 불교 의식에 따라 진행된다. 모든 절차는 승려가 주관하며 유족은 이에 따른다. 유가족 중 남성은 삭발을 하며, 장례 기간 동안 승복을 입기도 한다. 가족 의식은 시신을 관에 안치한 후 진행하는데, 의식이 끝나면 관을 정원이나 집 마당에 마련한 안치소에 둔다. 장례 기간*이 끝나면 장지를 향해 발인을 하는데 고인과 승려를 태운 운구차가 선행하면 하객을 실은 차가 도열하며 그 뒤를 따른다. 고인이 고위직 관리였거나 명망가이면 그 행렬이 대단해서 교통체증을 일으키기도 한다.

장지에 도착하면 유족은 운구 앞에서 기념사진을 찍고 시신을 화장한다. 화장은 공개적으로 진행되는데 시신을 깨끗이 씻긴 후 하늘을 향한 자세로 두고, 그 아래쪽에 유족을 비롯한 참석자 모두가 불

* 라오스의 장례 기간은 3~5일까지 다양하다. 보통은 3일장을 치르는데, 가족이 많거나 고인이 저명인사일 경우 5일장을 치른다.

이 붙은 장작을 던지는 순으로 이어진다. 화장을 하고 난 후 유골은 보통 사원에 안치된다. 라오스의 사원에 가면 유골이 안치된 크고 작은 탑을 쉽게 볼 수 있다.

종교

라오스는 흔히 불교국가로 알려져 있지만, 불교도의 비중은 국민의 60% 정도로 이웃 나라인 타이의 90%에 비해 낮은 편이다. 기독교도와 이슬람교도의 비중은 매우 낮고, 무교라고 대답하는 이가 국민의 30% 이상이나 된다. 이는 사회주의의 영향으로 인해 종교를 분명하게 밝히는 것을 두려워하는 탓도 있고, 특정 종교를 꼽기 모호한 경우도 있다. 무교라고 대답하는 이들 중 일부는 애니미즘*을 신봉하기도 한다. 대부분의 소수민족은 애니미즘의 영향을 받고 있다.

불교

라오스에 불교가 전해진 연대와 경위는 확실치 않다. 파굼이 란상 왕조를 창건할 당시 세 명의 스리랑카 승려가 라오스를 다녀갔다고 전해진다. 이후 16세기 포티사랏 왕과 그 아들 셋타티랏 왕은 불심이 깊어 당시 수많은 사원을 건설했다. 17세기 술리나옹사 왕 집권 시기는 라오스 불교의 전성시대로, 주변국에서 불교 연구를 위해 비엔티안을 방문할 정도였다. 그러나 이후 라오스 정세가 불안해지자 불교 발전 역시 지지부진해졌다. 현재는 라오스 승려들이 타이의 불교 관련 대학에 유학을 가는 등 타이의 영향을 많이 받고 있다.

라오인이 가난하게 사는 것을 운명으로 받아들이며 남에게 해를

* 라오스의 대표적인 문화인 바시 의식은 불교가 아닌 애니미즘에서 유래한 것이다.

끼치는 행위를 금기시하는 것은 불교의 영향이 크다. 라오인은 불교의 가르침에 따라 현세에서 한 선행이 후세에서 복을 불러온다고 믿는다.

라오스가 사회주의 국가임에도 지배 종족인 라오룸의 문화는 곧 불교문화라 해도 과언이 아니다. 정치적 혼란기에 종교가 정치적으로 중립을 지킨다는 것은 어려운 일이었으며, 실제 내전 당시 지방의 수많은 승려가 공산좌파 세력인 파테트라오를 지지했다. 그럼에도 사회주의 정부는 집권 이후 불교를 탄압했으며, 불교의 공산화를 위해 앞서 언급한 재교육에 승려를 다수 포함시켰다.

현재는 집권 세력과 불교 세력이 상호 협력하며 공존하고 있다. 집권 세력은 각종 불교 행사에 공식적으로 참여하고 있으며, 불교 또한 사원 내에서 사회주의를 가르치고 있다. 또한 승려는 라오인에게 가장 존경받는 지도층으로 추앙받고 있다. 그 예로 라오스 승려는 국가의 공식 행사에서 가장 첫 줄에 앉으며, 정치 지도자는 물론 외국인 대사도 승려가 앉은 뒷줄에 자리해야 한다.

라오스의 신년인 4월 피마이(Pi Mai, 라오스의 신년은 새해 1월 1일이 아닌 4월 중순이다)부터 우기 막바지인 9월까지 불교도들은 절제의 시간을 갖는다. 이때는 음주가무는 물론 각종 혼례나 연회를 삼간다.

불교는 유학의 통로로도 활용되고 있다. 라오스에서는 외국으로 유학을 가는 것이 매우 어려운 일인데, 사찰은 타이의 불교 관련 대학으로 장학금을 받고 공부할 수 있는 기회를 제공한다(대부분 승려가 혜택을 받으며, 불교 연구만이 아닌 일반 학문 유학의 기회도 있다). 필자는 사찰을 통해 타이 최고 명문대인 출라롱콘(Chulalongkorn)대학교에서 유학하고 온 사람을 본 적도 있다.

라오스에는 도시는 물론 시골 대부분의 마을에 '왓(Wat)'이라 불리는 사원이 있다. 라오스 불교는 '피(phi)'라고 불리는 전통적인 정령신앙과 결합된 매우 혼합적인 경향을 띤다. 피는 인간의 운명을 지배하는 위대한 힘을 가지고 있다고 여겨진다. 라오스의 불교는 탈세속적인 구원의 역할을 하고 정령신앙은 현세의 축복을 기원해, 이 양자가 보완적인 관계를 형성하고 있다. 그 때문에 라오인은 삶을 개선하기 위해 애쓰거나 타인과 갈등을 일으키기보다는 현재의 삶에 만족하는 경향이 강하다.

이와 관련해 필자가 한 한국국제협력단(Korea International Cooperation Agency: KOICA) 단원에게 들은 일화를 소개하고자 한다. 그는 라오스 시골의 한 야산을 개간해 농장을 만드는 사업을 시행한 적이 있었다. 이후 그 농장을 어떻게 활용하고 있는지 확인하러 간 그는 농가 사람들이 토지의 일부만을 사용하고 있는 것을 알게 되었다. 이상하게 여긴 그가 왜 큰 농장을 만들어주었는데 일부만 사용하느냐고 묻자 농민들은 이 정도 농사로도 충분하다고 대답했다고 한다. 한국인의 관점으로는 이해가 가지 않는 태도다. 혹자는 라오인이 게으르다고 평할지도 모르겠다. 하지만 이는 안빈낙도(安貧樂道)하는 라오인의 생활 습속을 가장 잘 드러낸 상황이라 할 수 있다.

라오인 특히 라오룸의 마을에는 최소한 하나 이상의 사원이 세워져 있다. 사원은 불공을 드리기 위한 건물, 목재 혹은 벽돌로 지은 대형 법당, 그리고 사원의 승려들이 기숙하는 별채 등으로 구성되어 있다. 사원에서는 1년 내내 수시로 임시 무대가 설치되어 각종 의식이나 축제, 전시회가 열리는데, 이는 사원이 라오스 사회에서 종교적·사회적·경제적으로 아주 중요한 역할을 하고 있음을 나타낸다.

사원은 단순한 종교 시설이 아닌 지역의 교육과 생활 전반에 중요한 영향을 미친다. 라오스에서 현대 교육이 이루어지기 전까지 대부분의 교육은 사원에서 이루어졌다. 현재도 학교에서 정규 교육을 받지 않고 사원에서 교육을 받는 이들이 많다. 또한 남자는 단기간(보통 3개월)이지만 의무적으로 승려로 지내야 한다.

라오스 승려는 지켜야 할 규율이 있다. 음식을 저장해서는 안 되며, 매일 시주를 해서 먹을 것을 구해야 한다. 오후에는 음식을 먹으면 안 되며, 일찍 자고 일찍 일어나야 한다. 하지만 라오스의 일반적인 문화가 늘 그렇듯 불가의 규율 또한 엄격하지 않다. 도시의 시내를 걷다 보면 카페에 앉아 오발틴(Ovaltine)을 마시거나, 담배를 피우는 승려의 모습을 쉽게 볼 수 있다. 또한 음식에 특별한 제한이 없고, 승려나 불교도라고 해서 육류를 먹지 않는 경우는 없다.

기독교

라오스에 가톨릭이 전해진 것은 17세기로 알려져 있다. 당시 예수회 신부가 라오스 왕실의 인정 아래 선교를 했으나 별다른 성과를 남기지 못하고 철수했다. 가톨릭은 19세기 후반 프랑스 통치시대에 라오스 중남부 지역을 중심으로 전파되었다.

개신교는 19세기 후반에 타이 선교사의 방문으로 처음 전파되었다. 1975년 사회주의 정부가 들어선 이래 모든 외국인 선교사가 라오스 땅에서 추방되었다. 교회에 대한 핍박은 이후에도 지속되었으나 최근 그 강도는 완화되었다. 그러나 현재까지도 공식적으로 선교사의 입국과 활동이 허용되지 않고 있다.

라오스에서 기독교로 개종하는 사람은 아주 적은 편이며 사회적 영향력도 미비하다. 지배 종족인 라오룸은 기독교에 대한 관심이 적고, 라오쑹과 라오퉁과 같은 소수 종족이 관심을 나타내고 있다. 라오스 내 기독교인은 약 2%인 것으로 추정된다.

축제와 공휴일

라오스에서는 매년 분 피마이(Boun Pi Mai), 분 쑹흐아(Boun Song Heua), 분 방파이(Boun Bang Fai), 분 탓루앙(Boun That Luang)의 네 가지 큰 축제가 있다. '분(Boun)'이란 말은 축제(festival)를 뜻한다.

분 피마이

라오스의 새해 행사인 피마이는 주변의 동남아시아 불교국가와 마찬가지로 불력(佛曆)에 따라 매년 4월 13~15일에 치러진다(4월 중순은 시기적으로 건기가 끝나고 우기가 시작되는 때다. 즉, 4월은 만물이 소생하는 계절로 인식되고 있다). 이때는 국가적으로 연휴가 지정되며 가장 큰 연례행사가 벌어진다.

피마이 연휴는 모두 3일이지만 주말과 겹치는 경우에는 휴일을 늘리는 경우도 있다. 즉, 공식적인 휴일 이외에도 전후로 업무를 보지 않는 곳이 많으니, 혹시 라오스에 출장 갈 계획이 있다면 이때는 피하는 것이 좋다. 다만 여행객에게는 볼거리가 많은 때이기도 하다.

피마이 첫날은 전통적으로 '새로워지고 깨끗해지는 날'의 의미가

루앙프라방 물 축제

있다. 그래서 사람들은 집, 사무실 등을 구석구석 청소하고 물로 씻으며, 가족끼리는 아랫사람이 웃어른의 손을 씻겨드리고 축복과 덕담을 주고받는다. 둘째 날은 지난해나 새해가 아닌 '지나가는 날'을 뜻하며, 집에서 머무는 경우가 많다. 셋째 날은 '새해의 첫날'을 의미하는 중요한 날로, 바시 의식이 행해진다. 사람들은 바시 의식을 통해 몸속의 영[靈, 라오스에서는 '콴(kwan)'이라 한다]을 부름으로써 새해의 나쁜 징조가 사라지기를 소원한다.

한국에서 새해 인사로 '새해 복 많이 받으세요'라고 하듯, 피마이 때 라오스에서는 '싸바이디 피마이(Sabaidee Pi Mai)' 또는 '속띠 피마이(Sok Di Pi Mai)'라고 하며 모든 사람이 웃으며 인사를 주고받는다.

피마이에 대해 이야기할 때 빠뜨릴 수 없는 것이 바로 '훗남(Hout Nam)'이라고 불리는 물 축제다. 물 축제는 건기 동안 메마르고 먼지로 뒤덮였던 것들을 깨끗이 씻어내기 위해 생겨난 전통적인 행사로, 물을 머리에 뿌리는 행위는 지난해 잘못했던 모든 죄를 씻는 것을 의미한다.

라오스에서 가장 유명한 물 축제는 루앙프라방 물 축제로, 피마이가 시작되기 일주일 전부터 열린다. 축제 기간 동안에는 현지인, 관광객 할 것 없이 서로에게 물을 뿌리며 즐거워하는 모습을 곳곳에서 볼 수 있다. 지나가는 차와 오토바이에도 물을 뿌리는데 가끔 사고로 이어지기도 하므로 주의해야 한다. 보통은 양동이에 물은 담아 뿌리는데, 어린아이들은 장난감 물총을 들고 다니거나 호스를 들고 물을 뿌리는가 하면 물에 물감을 풀어서 옷을 버리게 하기도 한다.

루앙프라방 피마이 축제에서는 행렬에 참가한 이들이 석회 가루

루앙프라방 피마이 퍼레이드

를 한 줌씩 집어 자신과 지나가는 이들의 머리 위로 흩뿌린다. 중년의 여성들은 박자에 맞춰 남봉 춤을 추기도 한다. 축제 둘째 날에는 마을에서 가장 존경받고 영향력 있는 승려가 행렬을 이끌고, 악단과 칼춤을 추는 무용수들이 뒤를 따른다. 또한 인도식 의복과 라마야나(Ramayana) 전설에 등장하는 황금 관을 쓴 여인들이 두 줄로 늘어서 피마이 행사 기간 중 뽑은 미스 루앙프라방을 앞세운 채 행렬을 이끈다. 한편 라오인들은 불상을 닦는 의식, 성소(聖所) 방문, 성수(聖水)로 손발 씻기 등을 한다. 축제의 마지막 날에는 황금 불상인 프라방을 성수에 씻은 후 사원에 운집한 대중에게 공개한다.

분 쑹흐아

분 쑹흐아 축제 때 사람들은 각 마을이나 회사 단위로 보트 경기 팀을 만들어서 경주에 참여한다. 올림픽의 조정 경기와 같이 수십 명이 한 팀을 구성하며, 맨 앞의 기수가 팀원의 사기를 높이며 배의 방향을 지도한다. 보통 두 팀씩 맞대결을 벌여 토너먼트 형식으로 최종 결승에 이른다. 입상한 팀에게는 푸짐한 상금과 명예가 주어진다.

루앙프라방에서는 9월, 비엔티안에서는 10월에 분 쑹흐아 축제가 열린다. 이때는 우기가 거의 끝나가는 시기로 메콩 강의 수위가 보트 경기를 하기에 최적인 기간이다.

분 방파이

분 방파이 축제는 타이 동북부, 중국 윈난성에서도 행해지고 있는 축제로 매년 음력 6월에 열린다. 음력 6월은 벼농사 중 모내기가 시

루앙프라방 분 쑹호아 축제

작되는 시기이기도 하다. 대나무 통을 이용해 만든 방파이를 하늘을 향해 쏘아 올리는 의식을 하는 분 방파이 축제는 신에게 가뭄에서 벗어나기를 간청하는 기우제의 성격을 띤다.

방파이는 전통적으로 정성스럽게 만든 통을 사용하는데, 최근에는 유리나 금속으로 만들기도 하며 그 크기도 다양해졌다. 라오인은 방파이를 가장 높이 하늘로 올려 보낸 사람이 그해 농사에서 가장 큰 수확을 거둔다고 믿는다.

분 방파이 축제를 하기 전에 각 마을에서는 준비위원회를 꾸리고, 준비위원들은 사람들을 모아 축제규정과 안전지침 등을 소개한다. 또한 가장 우수하게 방파이를 쏘아 올린 사람에게 주는 상을 마련한다. 축제 주관자들은 참가자들을 위해 정성스레 전통 음식을 준비한다.

축제 당일에는 열기와 경쟁심으로 분위기가 고조된다. 참가자는 만들어 온 방파이를 면밀히 검사받고 종류에 따라 분류된다(일반적으로 대나무로 만든 방파이만 참가할 수 있다). 그리고 방파이를 가장 멀리 보낸 팀, 가장 아름답게 장식한 팀, 가장 재미있는 팀 등이 상을 받는다. 남성 참가자 중에는 익살스럽게 여장을 하는 경우도 많다. 또한 방파이를 쏘는 데 실패한 참가자는 흙탕물이나 사토(Satho)라는 독한 위스키를 마시는 벌칙을 받는다.

분 방파이 축제는 안전사고, 비행노선 등과 관련해 규모와 장소에 제한을 받지만 여전히 많은 사람에게 인기가 있다.

분 탓루앙

매년 11월 라오스의 상징인 탓루앙에서는 대규모 불교 축제 분 탓루앙이 열린다. 한국의 추석, 미국의 추수감사절처럼 한 해의 결실을 마무리하고 감사하는 의미를 담고 있다. 불교 최대 축제인 만큼 참여 인원도 매우 많으며 3일간 진행된다. 축제 기간 중에는 각 지방별로 특산물을 파는 장이 열리고, 소수민족들의 공연이 열리기도 한다.

소수민족의 신년 축제

라오스의 소수민족들은 지배 종족인 라오룸과는 다른 신년 행사를 치른다. 이들은 불력과는 다른 연기(年期)를 사용해 매년 11월 또는 12월에 신년 행사를 치르는데, 같은 소수민족인데도 그 날짜가 다르기도 하다.

소수민족들의 신년 축제는 마을 단위로 진행되며, 이때 특이한 맞선 행사가 열린다. 젊은 남녀가 전통의상을 입고 축제장에 나와 일렬로 마주 보고 서서 오렌지를 던지는 것이다. 이는 서로에 대한 마음을 전달한다는 뜻이 있다. 보통 남자가 여자에게 오렌지를 던지며, 이때 여자는 자신에게 관심을 보이는 남자가 마음에 들면 오렌지를 계속 받고 마음에 들지 않으면 받지 않는다. 따라서 이 신년 축제가 끝나고 나면 많은 커플이 탄생한다.

공휴일

라오스는 기본적으로 주 5일제로 근무한다. 지역과 종족마다 고유의 휴일이 있으며, 명절날이나 휴일도 각기 다르다. 즉, 종족에 따라 양력 1월 1일을 신년으로 보내기도 하고, 한국처럼 음력 1월 1일(라오스에서는 'Chinese New Year'라고 한다)을 쇠기도 하며, 피마일 휴일 역시 소수민족마다 다르다.

라오스 공휴일

1월 1일 신년 휴일
3월 8일 여성의 날
4월 13~15일 라오스 신년
5월 1일 노동절
10월 7일 스승의 날
12월 2일 독립기념일

음식과 의상

라오스는 비록 세계 최빈국에 속하지만 먹을거리가 없어 굶주리는 사람은 많지 않다. 아열대 기후 지역이라 농사가 용이하고 바나나, 망고 등 과일을 쉽게 얻을 수 있기 때문이다. 무엇보다 '어머니의 강' 메콩 강에 다양하고 많은 어류가 살고 있어 라오인에게 충분한 영양을 공급하고 있다.

라오인의 주식은 쌀이며, 각종 채소와 생선을 주로 먹는다. 불교국가지만 육류를 먹는 데 제한을 두지 않는다. 파인애플, 망고, 람부탄 등 열대과일이 풍부하게 나며, 중국과 타이로부터 사과와 배 등을 수입하기도 한다.

라오인의 음식 문화는 소박한 편이다. 재배 작물이 다양하지 않은데다 불교문화의 영향으로 소식을 하는 것이 몸에 배어 있기 때문이다. 음식을 저장하지 않는 습성도 한몫한다. 냉장고가 널리 보급되어 있지 않고, 날씨가 더워 식재료가 쉽게 상하기 때문이다. 이로 인해 비엔티안을 비롯한 주요 도시에는 달랏사오(dalat sao)라고 하는 새벽시장(morning market)이 발달되어 있다. 달랏사오는 보통 4시 30분쯤에 열린다. 신선한 채소와 과일 그리고 메콩 강에서 갓 잡은 생선이 진열되어 있다.

최근 비엔티안에는 달랏사오가 현대식 쇼핑몰로 재건축되면서 새로운 유통문화가 생겨나고 있다. 비엔티안에는 한국인이 운영하는 슈퍼마켓이 있어 주요 식재료를 구입하는 데 어려움이 없다. 반면 필자가 거주하는 루앙프라방에서는 베트남인들이 운영하는 상점에서 유일하게 우유나 가공식품을 구입할 수 있다. 그 외 채소, 과일,

육류 등은 라오인이 운영하는 시장에서, 공산품은 중국 시장(China market)에서 구입 가능하다. 루앙프라방은 관광도시라 그나마 먹을거리를 구입하는 데 어려움이 적은 편이지만, 그 밖의 지방에서는 한국인들이 원하는 다양한 식재료를 찾기 어렵고 현지의 작은 시장에서 대부분을 조달해야 한다.

라오스의 전통음식 문화는 이웃 나라인 베트남과 타이의 영향을 받아 이들 국가와 비슷한 음식이 많다. 또한 프랑스 식민시절의 영향으로 바게트도 애용되고 있다. 새벽시장이나 야시장, 버스 터미널, 여객 선착장 등 라오스 곳곳에서 전통 음료와 꼬치구이, 열대과일 등을 맛볼 수 있다. 그리고 라오스 어디에서나 국수집을 쉽게 발견할 수 있는데, 같은 쌀국수라도 지역마다 종류가 다르다.

라오인이 즐겨 먹는 음식 중 한국인에게 추천할 만한 몇 가지를 소개하고자 한다.

쌀국수

쌀국수 카오삐약

쌀국수는 라오인이 가장 즐겨 먹는 음식으로 퍼(pho)와 카오삐약(khao phi-yak)으로 나뉜다. 퍼는 베트남 쌀국수에서 유래한 것으로 소면을 끓여 만든 국수다. 여기에 각종 민트와 채소를 넣고, 양념으로 간을 맞춘 후 먹는다. 카오삐약은 라오스 전통 국수로 면발이 굵어 한국의 칼국수와 비슷하다.

역시 민트, 채소, 양념을 넣어 먹는다.

땀막홍(thanmmakhong)

땀막홍

땀막홍은 파파야를 채 썬 후 라오스 전통 소스인 까삐(khaphi)와 빠덱(pha-dek, 젓갈), 고추, 마늘 등을 넣은 일종의 샐러드다. 맵기 때문에 양배추 등으로 쌈을 싸서 먹기도 한다. 한국의 김치처럼 계속 찾게 되는 매력적인 음식이다.

카오니아우(khao niaw)

카오니아우

카오니아우는 쌀을 대나무 통에 넣고 수증기를 이용해 찐 찰밥으로, 손으로 떼어 먹는 것이 특징이다. 한국의 떡과 비슷한 맛이어서 한국인 입맛에 가장 익숙한 라오스 음식이기도 하다. 손으로 떼어 먹는 것이 처음에는 불편하지만, 카오니아우는 숟가락이나 젓가락보다 손으로 먹어야 제맛이라는 것을 먹어본 사람은 안다.

랍(Laap)

랍은 '귀한 손님에게 행운을 드린다'는 의미로, 잘게 썬 고기나 생

랍

선에 갖은 양념과 신선한 허브를 곁들여 먹는 음식이다. 잔치나 행사 때 흔히 볼 수 있다.

신닷(sindat)

신닷은 얇게 썬 고기를 양철판 위에 올려 구워 먹는 음식이다. 각종 채소와 계란, 육수가 곁들여지는데 샤브샤브처럼 육수에 고기를 데쳐 먹기도 한다. 신닷은 한국의 삼겹살과 흡사해 신닷까오리(sindat kaori)라고 불리기도 한다.

한편 라오스의 전통의상을 보면 어느 소수민족인지 확실히 구분이 가능하다. 소수민족은 저마다 고유의 의상이 있다. 그 예로 지배종족인 라오룸 여성들은 신(sin)이라는 전통의상을 입는다. 신은 통으로 짠 천을 이용해 만든 치마로 여기에 금·은색 허리끈을 착용한다. 최근 도시에서 생활하는 라오룸 여성의 의복이 청바지 등 서양식으로 바뀌는 추세를 보이고 있으나, 여전히 공식 행사에서는 신을 입는 것이 일반적이다. 수파누봉대학교의 경우에도 여교수의 정복(正服)을 신으로 규정하고 있다.

라오스 주요 종족 전통의상(왼쪽부터 라오퉁, 라오룸, 라오쑹)

Part Ⅱ
라오스 이해하기

라오스의 정치와 외교

라오스의 경제

라오스의 교육

사회주의 국가, 라오스

라오스의 경제 개혁과 개방에도 불구하고 정치적으로 라오스의 지도자들은 여전히 마르크스·레닌주의에 충성을 표하고 있다.* 아직도 많은 관공서에 마르크스와 레닌의 사진이 걸려 있는 것을 볼 수 있고, 주요 정치 회의 때는 무대 배경이 이들의 사진으로 장식되어 있는 경우가 많다. 그럼에도 라오스의 사회주의에 대한 집착은 심하지 않다. 라오스 지도부의 사회주의 국가 건설에 대한 공언은 국민에게 최소한의 경제적 실용성을 제공하는 한편, 자신들의 정치적 권력을 유지하기 위한 수단으로 보인다.

라오스의 공산주의화 과정 역시 10년간의 내전에도 불구하고 주변국인 베트남이나 캄보디아 같은 극단적인 과정을 겪지 않았다는 점을 주목할 필요가 있다. 왕정 폐지나 사회주의 혁명의 수립 역시 군사적인 방법이 아닌 정치적인 방법으로 이루어졌다. 사회주의 정부가 순수한 사회주의 제도를 도입하고자 노력했던 시기조차 라오스 국민은 이를 환영하지 않았다. 즉, 사회주의 이념이 토착화되기 전에 시장경제 체제로 전환했기 때문에 라오스 국민에게서 공산주의에 대한 치열하고 심각한 고민은 찾아보기 어렵다.

라오스의 정치와 외교

정부 조직

1975년 8월 파테트라오는 친(親)서방적인 비엔티안 정부를 제압하고 무혈 혁명에 성공했다. 정권을 잡은 파테트라오*(오늘날 라오인민혁명당)는 같은 해 12월 2일(라오스 독립기념일) 왕정을 폐지하고 라오인민민주공화국을 수립했으며, 초대 대통령으로 수파누봉, 초대 수상으로는 카이손이 각각 취임했다. 이후 라오인민민주공화국은 공식적으로 사회주의를 지향하는 국가로 거듭났으며, 오늘날까지 라오인민혁명당이 정치권력을 완전히 독점하고 있다.

라오스 국가 기구의 주요 책임과 권한은 1991년에 성문화된 헌법에 의해 규정되었다. 하지만 실질적인 권력의 정점은 라오인민혁명당의 최고 지도부인 정치국이 차지하고 있다. 정치국이 모든 주요 정책을 결정하고 행정부는 결정된 정책을 집행한다.

집권 초기부터 라오인민혁명당의 주요 인사들이 행정부의 고위직을 차지한 탓에 라오스 안에서 당과 행정부를 구분하기는 쉽지 않다. 정치권력이 소수에게 집중되어 있는 점을 들어 현 라오스 정치 구조는 과거 왕립 라오정부와 크게 다를 바 없는 '세습적 관료제(patrimonial bureaucracy)'라 불리기도 한다. 현 라오스 내각에서는 형제, 남매 등이 장관직을 함께 수행하기도 하고, 주지사 등 주요 요직을 고위층의 가족이 점하고 있는 경우가 많다. 예를 들어 현 루앙프

* 라오스 사회주의자들이 북베트남 호찌민 세력과 연대해 결성한 조직이다.

〈그림 2〉 라오스 정부 조직도

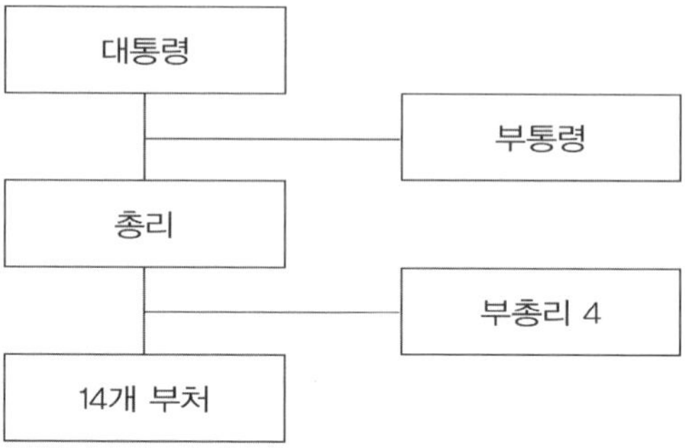

라방 주지사는 전 캄타이 시판돈(Khamtay Siphandone) 대통령의 사위다. 이는 하위 직급도 마찬가지여서 라오스에서 공무원이 되는 가장 쉬운 방법은 부모가 고위직 공무원으로 일하는 것이다.

라오스는 비교적 안정된 사회주의 집단지도 체제를 유지하고 있다. 대통령과 부통령이 있으며 총리와 부총리 그리고 14개 부처가 있다(〈그림 2 참조〉). 대통령은 국회에서 출석의원 3분의 2 이상의 지지를 받아 선출되며, 임기는 5년이다. 현 대통령인 추말리는 2011년 6월 국회에서 재신임에 성공해 2016년에 임기를 마치게 된다.

대통령은 국회에서 통과된 모든 법률을 검토하는데, 30일 내에 공포하거나 재심을 요청할 수 있다. 또한 대통령은 군 통수권자이며, 군 고위층과 주지자의 임명·교체를 승인한다. 이 밖에도 대통령은 사면권을 행사하고, 외교관을 임명·소환하며, 이전에 체결된 국제 조약을 파기할 수 있다. 대통령의 권력은 광범위하지만 실제로는 대개 행정부(내각)의 결정을 따르며, 최종 승인을 하는 데에 역할이 제한되어 있다.

1996년부터 부통령 제도가 도입되었는데, 부통령은 평상시 대통령을 보좌하며 대통령 유고 시 대통령의 직무를 대행한다. 부통령도 국회에 의해 선출된다.

총리(수상)는 국회의 승인을 받아 대통령이 임명하며, 임기는 5년이다. 총리는 행정부를 지휘·감독한다. 즉, 정부 업무 감독권과 각 부처·차관을 비롯한 지방 군 단위의 관료에 대한 관리 임명권 등의 권한과 책임이 주어진다. 현 라오스 총리는 2010년 부아손 전 총리의 갑작스러운 사임으로 총리직을 인계한 통싱으로, 2011년 6월 추말리 대통령과 함께 재신임을 받았다.

라오스 정치에서 총리는 대통령보다 더욱 실질적인 권력을 누려왔다. 행정부의 권력이 총리에게 집중되어 있어 정책 집행에 병목현상이 초래될 정도다. 이 같은 결정 구조로 인해 많은 사안이 유예되거나 폐기되기도 한다. 하지만 이러한 총리의 권력은 라오인민혁명당 총서기에 미치지 못한다. 전 부아손 총리가 좌천된 것도 라오인민혁명당 총서기였던 추말리 현 대통령에 의해 결정된 것이다.

부아손 전 총리의 실각은 라오스 정치사에서 중요한 사건으로 볼 수 있다. 부아손 전 총리는 노쇠화된 혁명 세대와 다르게 테크노크라트(technocrat, 기술관료)의 수장 역할을 해왔고, 주요 국정 현안을 추진하는 부서에 테크노크라트를 대거 배치했다. 부아손 전 총리의 개혁 정책은 2008~2009년 글로벌 경제 위기에서도 빛을 발해 안정적인 경제성장률(7.9%)과 낮은 인플레이션율(4.5%), 킵화 및 재정의 안정에 기여했다. 그럼에도 부아손 전 총리는 임기를 채우지 못하고

〈표 4〉 라오스의 주요 정부 인사

직위	성명
대통령, 당서기장	추말리 사야손(Choummaly Saysone)
부통령	분냥 보라칫(Bounnhang Vorachit)
국회의장	파니 야토투(Pany Yathortou)
총리(수상)	통싱 탐마봉(Thongsing Thaamavong)
부총리	아상 라오리(Asang Laoly)
	시술릿 통룬(Thongloun Sisoulith): 외교부장관 겸임
	두앙차이 피칫(Douangchay Phichit): 국방부장관 겸임
	솜사밧 렝사밧(Somsavat Lengsavad)
대법원장	캄판 시티담파(Khamphanh Sitthidampha)
검찰총장	캄산 수봉(Khamsan Souvong)

주: 2012년 기준.

개인적인 신병 문제라는 석연찮은 이유로 실각되었다. 언론 활동이 자유롭지 않아 권력 갈등이 외부로 드러나지는 않았지만, 부아손 전 총리와 개혁파의 급격한 세력 확장을 부담스러워한 구세대들의 반발로 벌어진 일일 가능성이 크다.

라오스의 최고 행정기구는 내각으로, 공식적으로는 대통령의 추천에 따라 국회가 선출한다. 그러나 실제로 내각 구성은 당과 국가 지도층 내에서 폭넓은 자문을 통해 결정된다. 국가의 주요 사항과 마찬가지로 내각 구성 역시 소수에 의해 밀실에서 결정된다. 이는 주요 요직을 차지하기 위한 경쟁자들의 권력 다툼을 유발하기도 한다.

지방정부는 16개 주와 1개의 특별시(비엔티안은 시와 주가 별도로 있다)로 구성되어 있으며, 주지사가 지방행정의 수반을 맡고 있다.

각 주별로 하부 행정기관인 군(므앙, Muang)과 촌(반, Vanh)*이 있으며, 주지사와 비엔티안 시장은 총리의 제청에 따라 대통령이 임명한다.

국회는 단원제이며 의원 정수는 2011년 선거에서 132명(종전 115명)으로 늘어났다. 현 국회의장은 파니 야토투로 2011년 국회에서 신임 선출되었다. 정기 국회는 연 2회 개최되며, 국회는 헌법의 승인 및 수정, 법률의 개폐 및 수정, 주요 정책 승인, 대통령 선출, 총리 임명 등의 권한을 행사한다. 하지만 대부분의 국가 정책은 서열이 높은 대통령과 수상에 의해 결정되고 국회는 이를 지지하는 형태를 띤다. 국회는 라오스 경제 개혁에 대한 중요한 법적 기반을 제공하는 일련의 법률을 통과시키는 역할을 담당해왔다. 국회는 자체 상임위원회를 선출하며, 상임위원회는 국회의장과 부의장에 의해 지휘된다.

라오스는 매 5년마다 전국적인 선거에 의해 국회를 구성한다. 당은 라오인민혁명당이 유일하지만, 무소속 출마도 가능하다. 선거 제도는 대선거구제로 각 지역구별로 다수의 후보를 뽑는다. 국회의원 수는 지역의 인구수 및 중요도에 따라 배분된다. 2011년 4월 30일에 치러진 선거에서는 총 17개 선거구에서 192명의 후보자가 출마해 이 중 132명의 국회의원이 선출되었다. 당선자의 75%인 99명이 남성이었으며, 25%인 33명은 여성이었다. 선거는 직접·보통선거로 실시되며 만 18세 이상의 성인에게 선거권이 부여되고, 만 21세 이상에게 피선거권이 부여된다.

* 라오스에는 한국의 마을 이장과 비슷한 나이반(Naivanh)이 있다. 나이반은 마을의 어른이자 행정적인 수장으로서 중요한 역할을 한다. 모든 마을 사람들은 토지와 자동차 매매, 결혼 등 생활 전반에 걸쳐 주요 변동 사항을 나이반에게 신고해야 하며, 이는 외국인도 예외가 아니다.

국내 정치

국가 이념

라오스의 경제 개혁과 개방에도 불구하고 정치적으로 라오스의 지도자들은 여전히 마르크스·레닌주의에 충성을 표하고 있다.* 아직도 많은 관공서에 마르크스와 레닌의 사진이 걸려 있는 것을 볼 수 있고, 주요 정치 회의 때는 무대 배경이 이들의 사진으로 장식되어 있는 경우가 많다. 그럼에도 라오스의 사회주의에 대한 집착은 심하지 않다. 라오스 지도부의 사회주의 국가 건설에 대한 공언은 국민에게 최소한의 경제적 실용성을 제공하는 한편, 자신들의 정치적 권력을 유지하기 위한 수단으로 보인다.

라오스의 공산주의화 과정 역시 10년간의 내전에도 불구하고 주변국인 베트남이나 캄보디아 같은 극단적인 과정을 겪지 않았다는 점을 주목할 필요가 있다. 왕정 폐지나 사회주의 혁명의 수립 역시 군사적인 방법이 아닌 정치적인 방법으로 이루어졌다. 사회주의 정부가 순수한 사회주의 제도를 도입하고자 노력했던 시기조차 라오스 국민은 이를 환영하지 않았다. 즉, 사회주의 이념이 토착화되기 전에 시장경제 체제로 전환했기 때문에 라오스 국민에게서 공산주의에 대한 치열하고 심각한 고민은 찾아보기 어렵다.

또한 라오스는 북한이나 베트남 같이 토착 혁명 영웅에 대한 숭배를 시도하지 않았다. 정치에 무관심한 라오스 국민과 현 기득권의 권력 유지 노력이 현재의 라오스 정치 체제라는 결과물을 낳았다. 앞으로 라오스 내에서 실용적인 노선 도입과 기술관료직의 진출은

* 아이러니하게도 라오스 대다수 국민은 마르크스·레닌주의가 무엇인지 모르고 있다.

확대되겠지만, 현재의 정치 체제가 쉽사리 변화될 것 같지는 않다.

정당 및 주요 단체

라오스 내 유일한 정당인 라오인민혁명당은 1930년에 발족된 인도차이나 공산당의 후신으로 1955년 3월 결성되었다. 현재 당 서기장은 추말리 대통령이며, 정치국원 11명을 포함한 총 53명의 중앙위원회가 국가의 핵심 사안을 결정한다. 라오인민혁명당의 당원 수는 5만 명에 달한다.

당 지도부의 의사 결정은 대부분 합의를 전제로 이루어지며, 국회와의 교류는 일부에 불과하다. 합의에 대한 강조는 잘못된 정책이 수립되는 것을 막아주지만, 시기적절하게 사태에 대응하는 능력을 감소시키는 경향이 있다. 즉, 합의제는 본질적으로 합의가 이루어질 수 없는 사안에 대해 정부가 아무런 영향력도 발휘하지 못하게 할 위험이 있다. 또 지도부 내에서는 개인이 정책을 주도하는 데 대해 주저하는 경향이 있는데, 이는 결과가 잘못되었을 때 책임지는 것을 두려워하기 때문이다. 이러한 정책 결정 과정은 창조적인 활동을 제한하고 복지부동하는 사람들에게만 혜택을 가져다주기도 한다.

정치국의 서열 1위는 총서기다. 현재 추말리 대통령이 총서기를 겸직하고 있다. 정치국 아래로 중앙위원회가 있으며, 정치국원은 전당대회에서 중앙위원회에 의해 선출된다. 중앙위원회에는 인사·감찰·이데올로기의 영역을 담당하는 상설위원회와 라오인민혁명당의 운영 제반을 맡고 있는 비서국이 속해 있다. 최근 젊은 세대가 중앙위원회에 선출되었지만, 카이손 전 대통령의 장남, 사만 비야켓

(Samane Viyaketh) 전 국회의장의 장남, 캄타이 전 대통령의 장남이 새로 선출되는 등 권력이 세습되는 양상을 보이고 있다. 중앙위원회는 1년에 몇 차례 전체회의를 소집하며, 라오인민혁명당의 전국 대표들로 구성된다.

라오스에서 유력한 정치인이 되고자 한다면 당에 입당해야 한다. 당에 입당하기 위해서는 지방별·지역별로 조직화되어 있는 청년동맹(Youth Union), 여성연맹(Women Union), 노동연맹(Labor Union) 등의 활동에 참여해야 한다. 각 연맹에서는 지도부를 결성하고, 각 지도부에서 유능한 인재들을 최종적으로 당에 입당시킨다. 당에 입당한 이들은 각 지역의 책임당원이 된다. 각 연맹은 집단의 대표성을 띠며 회의 때는 정기적인 평가가 늘 따른다. 이 때 결격 사유가 있는 경우 지도부에 참여할 수 없고 당에도 들어가지 못한다. 따라서 당에 입당하는 것은 라오스 젊은 층의 주요 희망사항이요, 출세의 지름길이기도 하다. 각 지역의 책임 당원은 또다시 평가를 거쳐 상부 당 조직의 구성원이 되며, 이들이 또다시 평가를 거쳐 상부 당 조직의 책임당원으로 임명된다. 피라미드 체제로 계속 인재를 걸러 최종적으로 중앙당의 핵심 간부를 선발하고, 선발된 이들이 정부의 요직을 차지한다.

라오인민혁명당 산하에는 당의 활동을 돕는 라오국가건설전선이 있다. 라오국가건설전선은 내전 당시 혁명 활동을 벌여왔던 라오국민전선을 계승해 1979년에 창설되었다. 민족단합·사회민주주의 촉진·노동 동맹 등의 강령을 주요 노선으로 하고 있다. 라오인민혁명당이 라오국가건설전선을 지휘하는 형태지만, 실질적으로 라오국가건설전선은 라오인민혁명당 자체를 포함한 관련된 모든 기구를 포용하고 있다.

사법 및 법률 제도

라오소 사법기관으로는 최고재판소인 대법원(Supreme People's Court)이 있고, 주별 및 군별로 지방인민재판소가 설치되어 있다. 최고재판소장 및 재판관들은 국회 상임위원회에서 임명된다. 라오스의 법률은 프랑스의 민사법, 사회주의 이념, 라오스의 전통적인 요소 등이 합쳐진 것이다.

헌법은 1991년에 제정된 이후 2003년 4월 국회에서 처음으로 개정되었다. 1991년에 공포된 헌법은 정치 체제, 사회경제 제도, 시민의 권리와 책임, 국회, 국가 주석, 정부, 지방정부, 사법 체계, 국가 상징, 헌법 수정 절차 등에 관한 10개의 장과 80개의 조항으로 이루어져 있었다. 개정된 헌법은 시장경제 및 경제활동 자유에 관한 조항 등을 신설해 라오스 경제의 전환을 더욱 공고히 했다. 헌법 외에 2012년 현재 총 75개의 법률이 시행되고 있으며, 대부분의 입법 사항은 주로 총리령으로 포고된다.

군과 경찰

라오군은 1949년 '라오인민해방군'이라는 이름으로 창군한 이래 '파테트 라오군', '국가건설전선군'으로 불리다가 1982년에 '라오인민군(Lao People's Armed Forces: LPAF)'으로 개칭되었으며, 라오인민혁명당의 지시하에 국방장관이 지휘하고 있다.

라오스에는 약 3만 명의 정규군과 10만 명 정도의 지방민병대가 있는 것으로 추산되는데, 이는 대략 총인구의 2.8%에 해당한다. 방위비 지출은 국가 예산의 주요 항목으로 보건 분야의 4배에 달한다. 18세 이상의 남자들은 18개월 동안 의무 복역하는 것으로 되어 있으나, 대학에 진학하는 경우 소기의 군사 훈련을 받으면 면제된다.

국가 최고 핵심 권력인 정치국원은 총 11명으로, 그 가운데 무려 7명을 군부 출신자 중에서 선발하도록 되어 있다. 추말리 현 대통령이나 캄타이 전 대통령, 사만 전 국회의장 모두 군부 출신이며 현역 장성 신분을 유지하고 있다. 사회주의 정부 초기 최고 실력자였던 카이손 수상이 군부 출신이었기 때문에 현재까지 군부의 정치적 역할은 전통으로 유지되고 있다.

국방부는 총참모국, 총정치국, 총병참국 및 비서실로 구성되어 있다. 라오스 군부는 경제자유화 이후 큰 규모의 영리 활동을 하고 있다. 라오스 전 지역에서 벌목·관광·건설·무역을 비롯한 다양한 사업을 펼치고 있는 것이다.

라오스 경찰청은 군부 소속이다. 정치 과정에서 군부와 같은 역할을 하지는 못하지만, 실제적인 이권 사업에서 경찰이 누리는 혜택은 광범위하다.

외교

대외 정책 기조

라오스는 5개국으로 둘러싸인 내륙국가인 만큼 주변국의 정세에 민감할 수밖에 없다. 외세의 침입으로 시달림을 당했던 역사로 인해 라오스 정치인들은 자국의 주권과 자율성을 지키기 위해 외교적 역량을 다하고 있다.

라오스는 5개국과 국경을 접하고 있기 때문에 대외관계에서 '평화·자주·우호·협력·내정 불간섭'이라는 원칙하에 균형적인 외교 정책을 전개하고자 한다. 특히 동일한 체제로 국가 출범의 연원(淵源)을 공유하는 베트남·북한 같은 사회주의 국가와는 우호 관계를 지속하고 있다.

라오스 외교 정책과 관련해 최근 변화된 중요한 변수는 주변국과의 긴장 관계 해소다. 인도차이나 반도는 냉전 당시 세계의 화약고였다. 분단된 베트남 양 진영이 전쟁을 벌이고 있을 때 라오스 역시 내전으로 극심한 혼란을 겪었다. 더욱이 호찌민 루트가 라오스 동부를 지나고 있어 미국의 집중 폭격을 받기도 했다. 베트남을 중심으로 한 라오스, 캄보디아가 모두 공산화되어 인도차이나 블록을 형성하자 동남아시아 국제관계의 갈등은 극에 달했다. 당시 친서방적인 ASEAN과 인도차이나 블록은 각각 동서 진영을 대표해 동남아시아 지역을 양분했다.

1990년대 초 냉전이 종식되자 인도차이나 블록에도 많은 변화가 일어났다. 인도차이나 블록 국가들이 과거 적대시했던 ASEAN에 차례로 가입한 것이다. 베트남은 1995년, 라오스는 1997년, 캄보디아는 1999년에 ASEAN에 가입함으로써 동남아시아 지역은 ASEAN 아래 통합된 지역 협력체를 구성하게 되었다. 이러한 국제관계의 변화는 식민지시대, 세계대전시대, 냉전시대의 혼란과 무질서를 종식시켰고, 그 어느 때보다 동남아시아 지역을 평화적이고 안정적인 체제로 유지했다.

라오스 입장에서는 현재의 국제관계가 냉전시대보다 더 많은 기회와 도전을 맞게 했다. 이전에는 외교적으로 단순히 친베트남, 친공산주의 노선만 추구하면 되었지만, 현재의 지역 환경은 각 국가별로 더욱 세밀한 외교 전략을 요구하기 때문이다.

라오스의 근본적인 외교 방침은 '주권'과 '자율성'을 지키는 것이다. 라오스의 주변국은 대체로 라오스보다 국력이 훨씬 강하다. 중국은 물론이거니와 베트남, 타이도 라오스의 국력을 압도한다. 미얀마나 캄보디아도 적극적인 외교 노선을 추구하고 있지 않을 뿐 라오스에 비해 국력이 결코 뒤지지 않는다. 따라서 라오스는 주변국에 대한 힘의 열세를 인정하는 동시에, 주어진 환경에서 자국의 주권과 자율성을 유지하기 위해 노력하고 있다.

라오스의 기본적인 외교 전략은 '다자주의(multilateralism)'다. 다자주의란 자국의 외교 이슈를 지역화(regionalization)하는 것으로, 라오스처럼 약소국이 자국보다 강한 국가들과의 협상력을 높이기 위해 자주 활용하는 전략이다. 예를 들면 메콩 강 상류에 짓는 중국의 댐 건설을 반대할 때 라오스가 단독으로 중국에 항의하는 것은 큰 영향을 주지 못한다. 따라서 라오스는 이 사안을 메콩강위원회

(Mekong River Commission: MRC)나 ASEAN+3(ASEAN+한·중·일) 정상회의 때 논의하게 함으로써 중국에 대한 압력을 가하는 것이다. 중국이 강대국이기는 하나 국제 사회의 요청을 마냥 무시할 수는 없기 때문이다.

라오스는 개방 이후 매우 적극적으로 국제기구에 가입하고 있으며, 관련 기구들의 사무처를 비엔티안에 적극적으로 유치하고 있다. 비엔티안에는 UN 관련기구, 세계은행, 아시아개발은행, 메콩강위원회 등이 들어와 있다. 라오스가 이러한 국제기구 유치에 적극적인 것인 자국의 역량으로 할 수 없는 부분들을 다자기구를 통해 보완하고자 하기 때문이다.

ASEAN 회원국으로서의 라오스의 행보 또한 매우 적극적이다. ASEAN의 대외 관계 기본 목표는 '중립(Neutrality)', '비간섭(Non-intervention)', '비동맹(Non-alignment)'이다. ASEAN의 이러한 목표는 주권과 자율성을 보호하고자 하는 라오스의 외교 방침과 일치한다. 라오스는 ASEAN 회원국과의 적극적인 협력을 통해 동남아시아 국가들이 외세에 영향을 받지 않고 미래의 운명을 스스로 결정해나가기를 바라고 있다.

라오스는 2004년 ASEAN+3 정상회의를 개최했으며, 2012년에는 제9차 아시아·유럽정상회의(Asia Europe Meeting: ASEM)를 저개발국 최초로 개최했다. 이러한 국제회의 개최를 통해 라오스는 다자협력을 적극적으로 추진하는 한편, 과거 은둔의 국가 이미지로부터 완전히 탈피해 자국을 세계에 알리고자 노력하고 있다.

주요국과의 관계

라오스가 추구하는 또 다른 외교 전략은 '균형주의'다. 앞서 소개한 다자주의 전략이 국제기구의 참여를 통해 이루어지는 것이라면, 균형주의 전략은 개별 국가에 대한 전략이다.

라오스는 주변국과 대립·갈등 관계를 갖는 것이 국익에 도움이 되지 않음을 잘 알고 있다. 따라서 메콩 유역국과의 불필요한 마찰을 피하고 협력과 조화를 통해 자국의 이익을 극대화시키는 균형 전략을 채택하고 있다.

중국·베트남·타이로서는 인도차이나 반도에서의 영향력 확보 또는 확대를 위해 라오스의 지지를 받는 것이 매우 중요하다. 중국은 인도차이나 반도 진출의 교두보를 마련하기 위해서, 베트남은 과거 인도차이나 반도의 영향력을 유지하기 위해서, 타이는 자국 화폐인 바트 경제권의 확대를 위해서 라오스와의 외교적 관계를 강화하고 있다. 따라서 라오스는 각국과의 관계를 우호적으로 확대해가되, 중국·베트남·타이 등 인도차이나 반도의 전략적 우위를 놓고 경쟁하는 국가 간의 역학 관계를 지혜롭게 활용할 필요가 있다.

라오스의 외교 전략 중 가장 기본적인 고려 사항은 대중국 관계다. 앞서 말한 바와 같이 라오스는 중국의 힘을 제어하기 위해 다자주의를 활용한다. 그러나 세계적 강대국으로서 미국과 함께 G2로 성장한 중국의 외교적·경제적 힘에 대해 라오스가 대치만 할 수는 없다. 라오스는 중국의 인도차이나 반도에 대한 영향력 확대를 현실적으로 인정하고 중국의 대라오스 투자 및 원조를 받아들임으로써 라오스 경제 성장에 긍정적인 역할을 할 수 있도록 노력하고 있다.

다만 미얀마처럼 중국으로부터 일방적인 수혜를 받아 외교적 주권이 상실되는 현상은 주의하고 있다.

중국은 자국의 급성장하는 경제력과 라오스 지도부 내의 친중국 인맥(예, 솜사밧 부총리)을 바탕으로 라오스 내의 제조업·광업·도소매업 등 여러 분야에 직접 투자를 증대하며 지정학적 영향력을 강화하고 있다. 그 예로 중국은 2009년 비엔티안에서 개최된 동남아시안 게임(Southeast Asian Games)을 위해 종합운동장과 선수단아파트 건설을 지원했다. 또한 최근 라오스 북부에서 비엔티안에 이르는 고속철도 건설 사업을 추진하는 등 라오스 진출에 적극적이다. 2012년 아시아·유럽정상회의를 위한 국제공항 증축, 대형 호텔의 건립 또한 중국이 주도적 역할을 했다.

라오스의 대베트남 관계는 중국의 영향력 확대를 견제하는 측면에서 매우 중요하다. 베트남은 라오스의 현 집권 세력인 라오인민혁명당과 1975년 혁명 이전부터 오랜 이념적 동반 관계를 맺어왔다. 두 국가는 1976년 공동성명을 통해 양국의 관계를 '특별 관계(special relationship)'로 규정했고, 1977년에는 우호협력조약을 체결해 국방 부문까지 협력을 확대했다. 특히 라오스는 1979년 중국·베트남 분쟁 시 베트남을 지지하며 베트남과의 우의 관계를 과시하기도 했다. 라오스는 베트남과 동일한 후발 ASEAN 가입국(베트남은 1995년 가입, 라오스는 1997년 가입)으로서 정치 체제를 유지하면서도 대외 개방을 통한 경제개발 정책을 성공적으로 추진하고 있다.

한편 라오스는 각종 언론매체를 통해 베트남과의 외교 행사를 대대적으로 보도하고 있다. 이는 라오스 사회주의 정부의 정체성을 확인하는 동시에, 베트남과의 특별한 관계를 대외적으로 홍보하기 위한 것이다. 베트남 역시 라오스와의 관계는 매우 특별하다. 과거 자국의 영향력 아래 있던 캄보디아가 공식적으로 공산주의를 포기하고 다당제를 도입한 것과는 달리, 라오스는 시장경제의 도입에도 불구하고 정치적 틀은 사회주의 체제를 굳건히 지키고 있다. 베트남은 자국 모델을 따르고 있는 라오스의 노선을 적극적으로 지지·지원하고 있다.

또한 베트남은 2009년 말까지 라오스에 총 21억 달러 이상을 투자했다. 주로 광산 개발·수력 발전 분야에 투자하고 있으며, 라오스 또한 자국 내 천연자원 개발을 허가하며 협력 관계를 강화하고 있다.

타이는 라오스와 역사적·경제적으로 매우 깊은 관계를 맺고 있다. 타이 동북부 지역과는 민족적으로 유사하며, 언어가 유사해 양국민의 의사소통이 가능하다. 현재 타이는 라오스 최대 무역 상대국이다. 라오스·타이 간 무역은 2010년에 30억 달러를 돌파했다. 타이는 라오스 총 수입액의 60%를 점하고 있어, 중국의 10%, 베트남의 7%에 비해 압도적인 비중을 차지하고 있다. 또한 타이는 라오스 최대 투자국이다. 비엔티안에는 타이의 은행 지점이 입점해 있으며, 통신 산업도 진출해 있다. 관광 분야에서도 두 나라는 깊게 연관되어 있다.*

라오스 국민은 과거 자신들을 지배한 타이에 대한 경계심이 크다. 한국이 일본에 갖는 감정과 유사하다고 할 수 있다. 타이는 냉전 시절 위협의 대상이었던 라오스가 경제 개방을 하자 가장 적극적으로 진출했다. 타이의 상품들은 라오스 시장을 단숨에 장악했으며, 타이

* 라오스를 방문하는 관광객은 대부분 타이 방콕을 경유해 입국한다.

의 바트화는 라오스 주요 도시에서 자유롭게 사용할 수 있게 되었다. 타이에서 메콩 강만 건너면 비엔티안, 사반나케트에 바로 닿을 수 있는 지리적 이점이 주효했다. 과거 반일 감정이 컸던 한국이 경제적으로는 일본의 기술과 투자를 받아들였던 것처럼, 라오스도 현재 타이의 대라오스 경제 진출을 받아들이고 있다.

라오스가 타이에 경계심을 느끼는 또 다른 이유는 1997~1998년에 경험한 아시아 경제 위기 때문이다. 당시 타이 바트화의 평가 절하로 한국을 포함한 대부분의 아시아 전체가 이른바 'IMF 위기'를 경험했다. 아시아 경제 위기 직전 타이는 라오스에 수력발전 댐 건설 등 대규모 투자를 계획 중이었으나, 자국의 경제 위기로 대부분의 계획이 무산되었다. 이로 인해 타이에 대한 의존도가 높았던 라오스 경제는 킵의 가치가 3배 이상 오르는 등 큰 타격을 받았다.* 금융 위기의 근원지였던 타이보다 더 큰 피해를 입은 라오스는 특정 국가에 대한 과도한 경제적 의존이 얼마나 위험한지 절감했고, 타이 일변도의 경제 관계를 수정하게 되었다.

현재 라오스와 타이의 관계에서 중요한 이슈는 라오인의 불법 입국이다. 라오스와 타이는 메콩 강으로 국토가 나뉘어 있어 국경을 넘기가 매우 쉽다. 이 점을 악용해 타이 기업들과 브로커들이 자국민보다 현저히 노동 임금이 낮은 라오인을 불법 입국시키는 사례가 많다. 이 같은 불법 입국은 아동 노동, 인신 매매, 임금 체불과 같은 부작용을 낳고 있다.

라오스는 중국·베트남·타이의 정치적·경제적 영향력 확대를 인정하고 받아들이는 동시에, 자국의 이익을 극대화하기 위한 각국과

* 양국의 경제 관계를 두고 '타이가 재채기를 하면 라오스는 감기에 걸린다'는 말이 있을 정도다.

의 외교적 거리를 조절하고 있다. 즉, 특정 국가에 편향되거나 의존하는 것을 지양하고 균형 전략을 실시함으로써 자국의 주권을 보호하는 한편, 주변국의 진출이 라오스 경제 성장에 순기능적인 역할을 하기를 기대하고 있다. 실제로 라오스의 균형 전략은 2008~2009년 글로벌 경제 위기를 극복하는 데 도움을 주었다. 당시 주변국들의 경기 침체에도 불구하고 라오스는 동남아시아 국가 중 가장 높은 경제 성장률을 기록할 수 있었다.

이처럼 라오스는 주변 강국의 틈새 속에서 약소국에 불과한 국가 위상을 높이기 위해 다자주의 전략과 균형 전략을 선택해 일부 성과를 거두고 있다. 그러나 라오스 전략의 부분적인 성과에도 불구하고 근본적인 변화가 요구된다. 현재의 전략들은 현실에 대한 개선 없이 피해를 최소한으로 줄이는 소극적인 방법에 가깝다. 따라서 더욱 능동적이고 전략적인 외교가 필요하다. 세계 질서의 변화와 흐름을 정확히 이해하는 동시에 인도차이나 질서의 맥락 속에서 어떻게 행동해야 하는지 결정해야 한다.

현재 많은 국가가 라오스의 지지를 얻기 위해 경쟁적으로 원조 사업을 실시하고 있고, 이는 라오스 경제에서 막대한 비중을 차지하고 있다. 한때는 해외 원조가 라오스 재정의 50%를 차지한 경우도 있었다. 이 같은 해외 원조가 단기적인 시각으로는 혜택으로 보이겠지만, 원조 국가들의 외교적·경제적 요구에 자율적으로 대응하기란 쉽지 않을 것이다. 예를 들어 중국의 원조는 중국의 라오스에 대한 영향력을 증대시킬 것이고, 결과적으로 라오스가 가장 지키고 싶어 하는 주권과 자율성이 훼손될 것이다.

따라서 라오스는 현상 유지 또는 현재에 안주하지 않아야 한다. 원조를 받는 데 그치지 않고, 이를 통해 어떻게 라오스의 경제와 사회를 발전시키고 인적 자원을 개발해 국가 경쟁력을 향상시킬 수 있을지 고민하고 계획하는 데 모든 역량을 집중해야 할 것이다. 라오스의 국력이 결국 자국의 주권과 자율성을 지켜내는 유일한 원천이기 때문이다.

라오스의 경제

경제 현황

라오스의 경제 구조는 개발도상국의 전형적인 형태를 띤다. 즉, 1차 산업인 농림업·어업·광업에 대한 의존도가 크다. 2011년 자료에 의하면 국내총생산(GDP) 중 농림업·어업은 27.8%, 제조업은 34.8%, 서비스업은 37.4%를 차지하고 있어, 아직도 제조업과 서비스업의 기반이 취약하다는 것을 알 수 있다. 하지만 점차 농림업·어업의 비중은 작아지고 제조업과 서비스업의 비중은 확대되는 추세다.

라오스는 전통적인 농업 국가로 현재까지도 농업 분야가 전체 노동자 고용률의 약 70%를 차지하고 있다(라오스 기획투자부, 2011). 주요 생산품은 쌀과 옥수수이고 커피·면화·사탕수수·담배 등도 재배하고 있다. 최근에는 상업 작물인 고무나무 등을 심기 위해 열대우림을 화전으로 바꾸고 있어 대기오염과 환경파괴 문제가 야기되고 있다. 화전은 주로 고산지대에 거주하는 농민과 소수민족이 가난을 극복하기 위해 행하는 고육지책이지만 소중한 라오스의 자연이 훼손되고 있어 안타까운 상황이다.

라오스 정부는 농업 국가의 틀을 벗어나 다양한 산업을 육성하고자 하지만 열악한 산업 인프라와 인적 자원으로 인해 경제 성장의 한계를 보여주고 있다. 식민 통치와 전쟁의 피해로 인해 라오스는

〈그림 3〉 라오스 경제 지표

(단위: %)

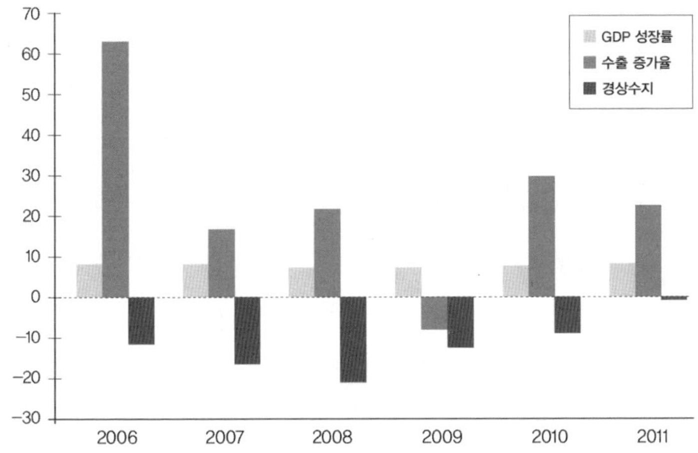

자료: 아시아개발은행(www.adb.org).

산업 발전을 위한 자본과 기술, 풍부한 노동력을 보유하지 못했다. 따라서 라오스는 주로 광산 개발을 비롯한 자원 수출에 의존하고 있으며, 각종 공산품은 수입하고 있는 실정이다. 목재 가공과 의류, 음료수, 양조 등 경공업 분야의 제조업이 미약하게나마 존재하지만 대부분 가내 수공업 수준에 머물러 있다. 주로 천연자원을 수출하고 고가의 공산품을 수입하는 불리한 교역 조건 속에서 라오스는 매년 큰 폭의 무역 적자 및 경상수지 적자를 기록할 수밖에 없었다.*

라오스의 경제 활동 인구는 2011년 기준으로 360만 명에 불과해 시장의 협소함과 노동력 부족을 나타내고 있다. 열악한 산업 인프라와 희소한 인적 자원으로 인해 라오스는 이웃의 베트남, 캄보디아와 같은 동남아시아 개발도상국과 비교해도 해외 기업의 투자자에게

* 2011년 기준으로 라오스 수출액은 27억 달러, 수입액은 43억 달러였다.

매력적인 대상이 아니다. 현재 금융업, 관광업에 일부 해외 투자자의 관심이 증가하고 있을 뿐 제조업 분야의 투자 유입은 극히 미미한 수준이다. 과거 재정 및 경상수지의 적자를 메울 수 있는 것은 외부 차관과 원조였으며, 이로 인해 라오스 경제의 대외 의존이 더욱 확대되었다.

그럼에도 최근 몇 년간 라오스 경제는 매우 견실하게 성장하고 있다. 글로벌 경제 위기로 동남아시아 국가 대부분이 경기 침체를 겪을 때도 라오스는 주변국 중 가장 높은 경제성장률(약 7%)을 유지했다(〈그림 3 참조〉). 아시아개발은행의 발표에 따르면 라오스 GDP는 2012년에 7.9%, 2013년에 7.7%로, 이후 안정적이면서도 고도의 경제 성장을 이룰 것으로 전망했다. 라오스 경제는 당분간 성장 동력이 유지될 것으로 보인다. 특히 1,878MW 규모의 홍사(Hongsa) 화력발전소와 440MW 규모의 남응음(Nam ngum)3 댐 건설이 라오스 경제에 활력을 더해 줄 것으로 보인다. 물가상승률은 국제 식량 가격의 안정과 수해 극복에 따라 2012년에는 6.7%, 2013년에는 6.0%로 안정될 것으로 보인다. 재정 적자는 GDP의 4.6% 내외로 유지될 것으로 예측된다. 라오스의 대외 부채가 37억 달러로 전체 GDP의 47%인 것과 경상수지 적자가 GDP의 21%인 점이 걸림돌이다. 라오스가 만성적인 적자와 외채를 감소시키기 위해서는 공산품 수입에 대한 대체 산업을 적극적으로 육성할 필요가 있다.

라오스 경제는 세계 경제와 비교해서 아직 초보 단계이고 소규모이지만 2005년부터 2011년까지 연속 7% 이상의 성장을 기록했다. 특히 2009년 글로벌 경제 위기로 타이, 베트남 등 주변 동남아시아

〈그림 4〉 라오스 1인당 국민소득 추이

(단위: 달러)

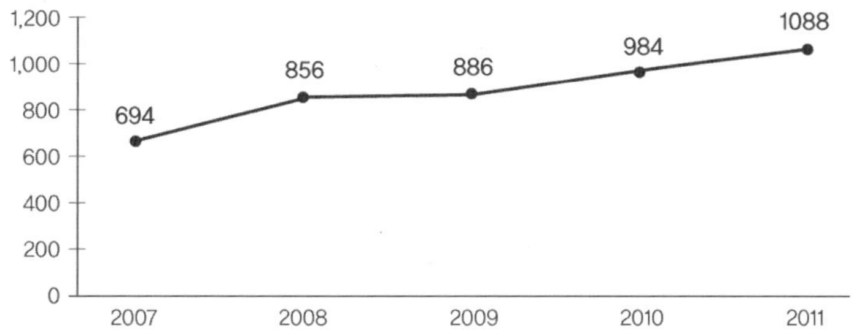

자료: 한국수출입은행(www.koreaexim.go.kr).

국가의 경기가 후퇴하고 라오스 주요 산업 중 하나인 관광업이 큰 타격을 받았을 때도 7.6%의 성장률을 기록했다. 이는 동남아시아 국가 중 가장 높은 수치다.

최근의 경제 호조는 도로·교량·전력 시설 등의 인프라 개발 프로젝트 증가에 힘입은 바가 크다. 2009년에 동남아시아의 올림픽이

라오스 사회경제 발전

라오스 정부는 2010년 사회주의정부 수립 35주년을 맞아 경제성장에 관한 지표를 발표했다. 농업 부문은 연간 쌀 생산량이 1974년 60만 톤에서 2010년 310만 톤으로 증가했다. 제조업 공장은 1975년 100여 개에 불과했으나 2만 4,000여 개로 증가했다. 수출액은 2006년부터 2010년까지 총 57억 달러였으며, 같은 기간 총 수입액은 57.6억 달러에 달했다. 관광객은 20년 전 1만 4,000여 명에 불과했으나 2010년에는 210만 명으로 증가했다. 해외 투자 유입 총액은 43억 달러이다. 총 도로의 길이는 3만 9,568km이며 이 중 포장도로의 길이는 4,882km이다. 휴대전화 보급은 2008년 160만 대에서 2010년 250만 대로 증가했다.

라 할 수 있는 동남아시안게임 개최를 위한 사회기반 시설 조성과 각종 대형 프로젝트가 수행됨으로써 라오스 건설업은 호황을 누렸다. 현재 광물 수출의 호조, 관광 산업의 회복, 수자원 개발에 대한 투자 등이 라오스 경제의 성장을 견인하고 있다.

라오스의 경상수지가 만성적인 적자를 보이고 있음에도 관광 수입과 해외 원조에 힘입어 경상수지 흑자를 기록하는 경우도 있다. 라오스의 환율 추이를 살펴보면 이를 알 수 있다. 2007년 1달러에 1만 킵이던 환율이 2012년에는 8,000킵으로 20% 이상 절상되었다는 것은 각종 원조와 개발 프로젝트로 인해 대규모 외환이 유입되었기 때문인 것으로 평가할 수 있다. 또한 바트화보다 달러화(dollarization)에 대한 의존도가 낮은 것도 한 요인이다. 라오스의 달러화는 1999년 79%로 최고에 이르렀다가 2012년 현재 50% 미만으로 감소했다.*

킵화의 강세는 인플레이션 압력을 완화시켜 외채 부담을 경감시키는 데 기여하며, 또한 라오스 경제의 건실함을 대외적으로 증명하는 데도 일조한다. 실제로 킵화의 강세로 라오스 1인당 국민소득은 2006년 500달러 이하였다가 2010년 1,000달러를 상회했다. 불과 4년 만에 국민소득이 2배 이상 증가한 것은 라오스 경제가 성장한 탓도 있지만 킵화의 달러화에 대한 절상 폭이 컸기 때문이다. 하지만 킵화의 강세는 라오스 수출 품목의 가격 경쟁력을 약화시켜 현재의 만성적인 무역수지 적자를 더욱 악화시킬 가능성이 있다.

라오스가 2020년까지 1인당 국민소득 2,000달러를 달성해 세계 최빈국을 탈출하고자 하는 목표를 이루기 위해서는 킵의 평가 절상과 같은 대외적 요인이 아닌, 상품 경쟁력 및 전략 산업의 개발과 같

* 다른 개도국과는 달리 라오스는 정부의 공식 환율과 시장의 실질 환율의 차이가 거의 없다.

〈그림 5〉 라오스 환율 변동 추이

(단위: 킵)

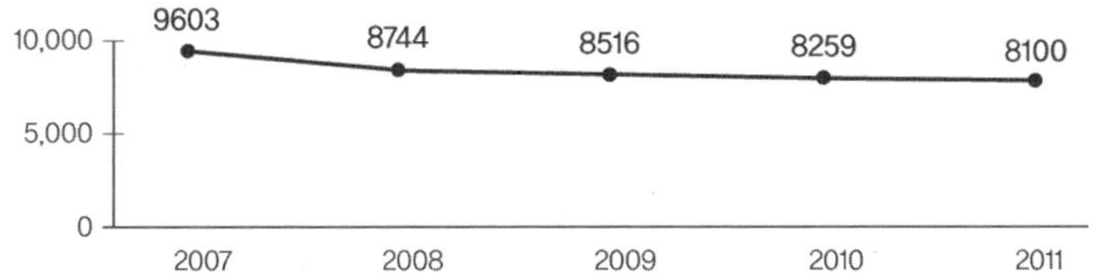

자료: 한국수출입은행(www.koreaexim.go.kr).

은 대내적 요인이 더욱 강조되어야 할 것이다.

1988년부터 관리형 변동 환율제를 채택하고 있는 라오스는 급격한 환율 변동으로 인해 경제가 위기 상황에 빠지지 않도록 노력하고 있다. 1997~1998년 아시아 경제 위기 당시 1달러당 3,000킵이던 환율이 7,000킵으로 급격히 평가 절하되면서 라오스 경제가 패닉에 빠진 것을 기억하고 있는 것이다. 라오스 정부는 이러한 위기의 재발을 막기 위해 환율 조정에 많은 노력을 기울이고 있으며, 평가 절하든 평가 절상이든 외환에 대한 킵의 가치 변동 폭을 연간 ±5% 이내로 제한하고 있다.

라오스의 재정은 세수(稅收) 부족과 높은 외채 이자 부담으로 만성적인 적자를 기록하고 있지만, 2004년 이래 재정수지 적자는 GDP 대비 3% 내외의 수준을 유지하고 있다. 라오스 정부는 재정수지 적자를 축소하기 위해 2010년부터 부가가치세를 도입했고, 사치세 부과 등 세제 개혁을 시도하고 있다.

라오스 총 외채 잔액은 2010년 말 기준으로 GDP의 86.6%인 약 58억 달러로 규모가 큰 편이다. 현재의 무역수지 적자 구조가 개선되지 않는다면 앞으로도 외채가 계속 증가해 라오스 경제의 부담으로 작용할 것이다.

라오스의 외환 보유액은 무역수지 적자에도 불구하고 해외 근로자 송금, 외국인 직접투자, 해외 원조 등의 증가로 꾸준히 증가하고 있다. 그러나 해외 원조에 대한 의존도가 크기 때문에 주요 지원국 및 국제기구로부터의 지원에 차질이 생길 경우 외환 보유액의 증가에도 경제적 어려움에 처할 수 있을 것으로 보인다.

경제 개발 과정

1975년 공산화 이후 수년간 라오스 정부는 계획경제에 입각한 중앙집권적인 경제 정책을 펴왔다. 1975년부터 1977년까지 2년간 라오스 정부는 경제의 근본인 농업 부문의 재건에 최우선적으로 집중했다. 이후 3년간(1978~1980년)은 농지 개혁과 경제 지역 설정을 통해 생산성 확대를 위해 노력했다. 그러나 라오스 정부의 노력에도 경제는 개선되지 못했고 저효율·저생산 구조로 빠져들었다. 생필품 가격을 국가가 통제해 부문별 목표를 세우며 노력했지만 결과적으로 세계에서 가장 가난한 국가로 전락하고 말았다.

이에 라오스 정부는 1986년부터 중앙통제형 경제에서 거시경제 지표의 효율적 운용과 민생을 위한 신경제정책(New Economic Mechanism: NEM. 라오어로 Chin tanakan mai, '신사고'라는 뜻)으로 전환했다. 이 정책에 따라 농촌 지역의 거주 및 이주 제한을 철폐했으며 대외 무역 장벽을 낮추었다. 이로 인해 대부분의 국내 생산물이 시장 가격을 형성하게 되었다.

〈표 5〉 라오스 경제 개발 연표

기간(년도)	특성	세부 내용
1975~1986	사회주의 경제체제 도입	사유재산 철폐 기업의 국유화 농업 집산화
1986~1989	신경제정책 도입	가격 및 무역 자유화 환율 및 세제 개혁
1990~1996	개방경제의 안정화	신헌법 제정 세계은행 원조 시작 ASEAN 가입
1997~1998	아시아 경제 위기	환율의 급격한 평가 절하 자본 유출 인플레이션
1999~2004	경제 회복	민영화 추진 국가개발계획 수립
2005~2007	경제 재도약	수력 및 관광 경제 호조 안정된 경제성장률 유지
2008~2009	글로벌 경제 위기	관광 경기 후퇴 디플레이션
2010~현재	세계 최빈국 탈피 모색	GNI 1,000달러 돌파 경제성장률 7% 유지 킵화의 안정

주: 2005년 이후 필자 작성.
자료: World Bank(2005).

일련의 개혁·개방으로 라오스는 5년간 GDP가 매년 5% 이상 성장하는 성과를 거두었다. 이에 고무된 라오스 정부는 1991년에 더욱 적극적인 시장경제 체제를 도입했다. 이 시기는 라오스의 주요 원조국이었던 소련이 붕괴된 때와 일치하기도 한다. 소련과 동유럽의 공산주의 포기와 든든한 후원자였던 베트남의 철수로 라오스는 새로운 변화를 모색해야 했다.

이 기간 라오스 정부는 특히 외국 기업의 투자 유치에 초점을 맞추었다. 시장경제의 적극적인 도입은 농민들에게 동기 부여가 되었고, 현재 식량 자급은 거의 달성되었다. 라오스 정부는 무역 자유화를 단행했으며, 주요 국가 기업을 임대하거나 매각하고 외국인 투자의 문호를 개방했다. 이러한 경제 개혁과 개방의 성과로 라오스 경제는 1991년부터 1995년까지 평균 6.4%의 높은 경제성장률을 실현했다. 1인당 국민소득도 1991년 211달러에서 1995년에 350달러를 기록해 65.8%나 증가했다.

그러나 라오스의 개혁과 개방 노력에도 시장경제 체제 운영의 미숙함과 노동력 부족으로 체제 전환은 순조롭게 이루어지지 않았다. 수출 경쟁력과 내수가 부족한 경제적 상황에서 라오스가 해외 원조와 과도한 대외 채무의 굴레를 벗어나기란 어려웠다. 신경제정책이 성과를 거두자 라오스 정부는 완전한 시장경제 체제로 나아갔다. 정부는 국가 수준에서뿐만 아니라 지방별·지역별로 전략적인 산업 분야를 설정해 집중적인 지원을 모색하기 시작했다. 개인의 소유권을 인정하고, 정부의 보조금을 축소하고, 공공기업을 민영화하기 시작했다.

2000년에 이르러 쌀 생산량이 총 220만 톤에 달해 만성적인 식량 부족을 해결하게 되었다. 이는 공산화 초기였던 1976년에 비해 무려 34배나 들어난 것이었다. 이 시기에 주요 기간산업인 시멘트·식량·맥주·수력발전 산업 등이 크게 성장했다. 이러한 성과에도 1990년대 후반 국민소득은 400달러대에 머물렀으며, 특히 아시아 금융 위기의 도래로 라오스 경제는 엄청난 타격을 받았다. 시장경제가 토착화되기 이전에 받은 엄청난 외부적 충격으로 인해 라오스 경제는 혼란에 빠졌다. 이는 라오스 정부가 아직 시장경제를 운용할 만한 역량을 갖추지 못했음을 보여준 것이다.

1990년대에 나타난 문제점을 보완하기 위해 라오스 정부는 2001년 산업화와 현대화라는 새로운 목표를 세웠다. 이 목표의 주요 내용은 매년 GDP 성장률을 7% 이상으로 설정하고, 산업 구조 면에서 2005년까지 농업 부분은 GDP의 47%로 낮추고 제조업은 26%, 서비스업은 27%까지 끌어올리는 것이었다. 또한 환율과 물가를 안정적으로 운영하고 재정 적자의 폭을 GDP의 5% 이하로 축소시키고자 했다. 이에 제조업은 매년 평균 11.4% 성장해 2005년 전체 GDP의 27%를 차지함으로써 목표를 달성했다. 관광업 역시 평균 27.6%씩 크게 증가했다. 소비자 물가는 지난 5년간 평균 4.5%의 상승률을 보여 안정적으로 유지되었으나 최근 유가 상승, 건설 프로젝트 수요 증가로 인해 2011년 7.6%로 상승하는 등 불안한 상황이다.

주요 산업

현재 라오스 경제를 견인하고 있는 산업은 수력, 광업, 관광업 등이다. 섬유 산업과 같은 일부 제조업의 경우는 아직 라오스 경제에 미치는 영향이 적은 편이다. 또한 구매력을 갖춘 신세대의 등장으로 휴대전화, 인터넷 등 통신 산업이 확장하고 있다. 수년간 보여준 라오스 경제의 안정화로 금융 분야도 빠르게 성장하고 있다.

라오스 경제는 내수 시장이 적고 공산품의 대부분을 수입하기 때문에 물가가 항상 불안하다는 취약점을 가지고 있다. 또한 도로, 철도, 공항 등 인프라가 제대로 구축되어 있지 않아 물류비가 높다.

여기서는 라오스의 주요 산업의 현황을 상세히 살펴보도록 하겠다.

농림업 등

농업은 라오스의 가장 중요한 산업으로 GDP의 30%, 고용의 70%를 차지하고 있다. 농업은 국민의 식탁을 책임지는 중요한 산업임이지만 생산성과 고용의 측면에서 한계를 가지고 있다. 농산물 수출의 경우 극히 일부를 제외하고는 단가가 낮고, 가격의 변동 폭이 큰 편이어서 안정적인 소득을 얻기 어렵다. 더욱이 라오스 농업은 쌀 생산이 주를 이루고 있어 홍수나 태풍 등 자연재해에 취약한 구조를 띠고 있다. 2011년에는 태풍 피해로 전체 농산물 생산량의 11%가 감소하기도 했다.

라오스 경제에서 농업이 차지하는 비중은 계속 감소하고 있다. 라오스 정부는 농업의 비중을 낮추기 위해 노력하고 있지만, 다른 산업을 육성하려는 노력 없이 농업의 비중만을 낮추려는 것은 많은 부작용을 낳는다. 왜냐하면 농업은 여전히 라오스 국민, 특히 가난한 이들의 주요 소득원이자 최대 고용 산업이기 때문이다. 따라서 농업을 억제하기보다는 농업을 통해 소득을 올릴 수 있는 다양한 방법을 시도해야 할 것이다.

라오스는 타이나 베트남에 비해 농업 생산물에서의 가격 경쟁력이 높은데도 이들 국가로부터 수많은 작물을 수입하고 있다. 따라서 영농 기법을 개발하고 국가가 정책적으로 농기업(agribusiness)을 부양할 필요가 있다. 농기업을 개발하는 것은 농가의 소득을 올릴 뿐만 아니라 현재의 잉여 노동력을 자연스럽게 흡수하는 면에서도 큰 효과를 발휘할 수 있다.

라오스는 200만 헥타르에 달하는 귀중한 원시림을 보유하고 있으며, 이 중 많은 지역이 티크 나무로 조성되어 있다. 라오스 정부는 경제성이 낮은 원목 수출은 제한하고 펄프와 종이를 제조하는 목재 가공업을 진흥시키려 하고 있다. 또한 성행하고 있는 불법 벌목을 단속하는 한편, 해외 수출량을 조절해 숲을 보호하기 위해 노력하고 있다.

그럼에도 라오스 임업의 문제는 최근 전 국토에 걸쳐 숲이 사라져 가고 있는 것이다. 건기 막바지인 2~3월에 이르면 고지대에 살고 있는 거주민들이 경작지를 확보하기 위해 산과 숲을 태운다. 이로 인해 매년 3~4월이면 나무를 태운 연기와 재로 연무 현상이 생긴다. 한국을 비롯한 많은 나라가 녹색사업을 권장하며 숲을 조성하기 위해 예산을 들이는 것을 생각해볼 때 참으로 안타까운 일이다. 라오스 정부는 중요한 국가 자원인 숲을 보호하기 위해 더욱 적극적으로 노력하고, 화전민들의 생계를 위한 대체 사업을 개발해야 할 것이다. 숲의 파괴는 환경오염을 야기할 뿐만 아니라 라오스 국민의 건강을 크게 해친다. 또한 지하수를 고갈시키고 라오스의 젖줄인 메콩 강의 수량을 감소시키며 우기에는 홍수를 발생시킨다. 지구온난화 문제를 위해서 한국을 비롯한 선진국들이 라오스 정부와 협력해 사라져 가는 라오스 원시림을 보호하는 데 노력을 기울여야 할 것이다.

라오인은 농사가 몸에 배어 있다. 척박한 지형 탓에 경작할 수 있는 땅이 조금이라도 있으면 텃밭 삼아 각종 작물을 재배한다. 건기에 메콩 강 수위가 내려가면 어김없이 강변을 따라 농사를 짓는다. 이는 우기에 강변이 물에 잠기기 전까지 지속된다.

필자가 근무하고 있는 수파누봉대학교 캠퍼스 곳곳에서도 이러한 텃밭을 흔히 볼 수 있다. 교수들과 학생들이 공공장소인 학교에서 텃밭을 일구는 것은 한국에서는 상상할 수 없는 광경이라 때로는 웃음이 나기도 했다. 이들은 캠퍼스 내 연못에서 물고기도 키운다. 큰 행사가 있을 때면 교수들이 연못에서 키운 물고기를 잡아 음식을 장만하기도 한다. 이처럼 라오인이 대학교 캠퍼스 내에서까지 농사를 짓는 것은 경제적인 여유가 부족한 탓도 있지만, 경작할 수 있는 땅을 놀리는 것을 좋게 보지 않는 경향도 있는 듯하다. 이러한 모습을 보면 라오인이 게으르다는 일부 사람들의 의견에 동의할 수가 없다.

광업

라오스는 국토의 80%가 산악지대인 만큼 광물 자원이 많이 매장되어 있다. 라오스의 주요 광물은 철·암염·주석·석탄 및 석고 등이며, 미개발 광물 자원으로 금·보크사이트·갈탄·석고·석회암·칼륨 등이 있다. 철광석의 매장량은 그 밀도가 너무 높아 베트남으로 날아가던 미국 폭격기의 항공 계기가 산악 지역에서 오작동을 일으키기도 했다고 한다.

라오스의 광산물은 주로 중북부에 매장되어 있다. 미얀마 부근과 북부 지역에는 흑연, 중국 국경의 퐁살리에는 구리 등이 많이 매장되어 있다. 라오스에 산재하는 철광석은 총 10억 톤으로 추정된다. 사파이어는 연간 1만 5,000톤 정도 채굴되고 있다.

〈표 6〉 라오스 광물 자원 매장량

종류	매장량	매장 지역
주석	1억 1,300만 톤	파텐 강(Nam Pathene Valleymetal)
철	10억 톤	누안 산(Phu Nhouane)
보크사이트	20억 톤	볼로벤 고원(Boioven Plateau)
석고	120억 톤	동헨(Dong Hen)
		비엔티안 평원
칼륨	500억 톤	비엔티안 평원
암염	8,511억 톤	켕콕(Keng Kok)
		비엔티안 평원
석탄	4,500만 톤	살라반(Salavan) 탄전 차조이(Chakeui) 구조구
		비엔티안 인접 보짠(Bochan)

주: 라오어로 Phu는 산, Nam은 강을 의미한다.
자료: 강명구(2011).

2010년 8월 기준, 라오스에서는 168개의 광산 회사가 306개의 광물 자원 관련 프로젝트에 대해 투자 사업을 진행하고 있다. 이를 사업 단계별로 분류해보면 조사프로젝트 88개, 탐사프로젝트 114개, 개발프로젝트 104개이다. 사업 주체별로는 외국계 회사가 178개의 프로젝트를 진행 중에 있으며, 라오스 회사는 128개의 프로젝트를 진행 중에 있다.

금·구리는 현재 라오스 수출액의 약 50%를 차지하고 있으며, 비철 금속을 포함하면 62.3%에 달해 광산업이 라오스 경제에 미치는 영향이 얼마나 큰지 알 수 있다. 수출액은 2009년 기준으로 7억 7,039만 달러이며, 그 가운데 원유·광물이 29.6%, 비철 금속·제품이 26.7%, 보석·귀금속이 5.9%를 차지하고 있다. 지역적으로는 푸비아와 세폰(Sepon) 지역에 최대 광산이 있다. 연간 광물 생산량은 2011년 기준으로 구리는 13만 9,000톤, 은은 53만 8,000온스, 금은 12만 8,000온스를 기록했다.

세폰 광산은 처리 설비 증설에 약 6,000만 달러를 투입해 동(銅) 연간 생산량이 8만 톤에 이를 것으로 보인다. 세폰 광산의 금 생산량은 7~8만 온스다. 세폰 광산의 금 생산량은 2005년 최대를 기록한 이후 점차 감소 추세를 보이고 있지만, 금 가격의 지속적인 상승으로 전체적인 금 생산량의 가치도 지속적으로 유지되고 있다.

2010년 10월 기준으로 150여 개의 외국 광산 회사가 투자해 동·금·주석 등의 광산을 개발·생산 중에 있다. 또한 라오스 정부는 란상광산세폰프로젝트와 푸비아광산프로젝트 추진으로 광업의 활성화를 도모하고 있다.

라오스 에너지광산부(Ministry of Energy and Mine)는 2010년 광업법을 개정해 사업 진행이 부진한 프로젝트에 대해 관련 허가권을 취소하는 등 광물 자원에 대한 적극적인 탐사 및 개발 정책을 마련하는 한편, 건전한 외국인 투자 유치를 위해 절차를 간소화했다. 라오스 정부는 100여 개의 광산 개발권이 허가되었음에도 탐사 수준에 머무르고 있는 것에 대해 문제의식을 느끼고 허가권 신규 발급에 대해 신중을 기하고 있다. 한국인을 포함한 몇몇 브로커들이 광산권을 획득한 후 악용하는 사례가 있어 이러한 조치를 취한 것으로 보인다.

관광업

관광업은 라오스 경제의 핵심 분야로 사회주의 정권이 들어선

1975년에 세계관광기구(World Tourism Organization: WTO)에 가입하는 등 라오스 정부는 적극적이고 다양한 진흥 정책을 펴왔다. 정부 보고서인 「라오관광전략(Lao Tourism Strategy)」에서는 관광업이 라오스 사회에 다음과 같이 기여하고 있다고 평가했다.

- 관광업은 직접적인 외화 수입을 창출하고 있다.
- 관광업은 여행사, 호텔, 레스토랑, 운수, 기념품 산업 등 관련 산업을 진흥시킨다.
- 관광업은 고용을 창출하고 있다.
- 관광업은 벽지(rural remote area)의 수입에 기여하고 있다.

1990년 1만 4,000명에 불과했던 라오스의 외국인 관광객 수는 2000년에 73만 명으로 크게 증가했다. 이후 라오스를 방문한 외국인 관광객 수는 2005년에 110만 명으로 증가했으며, 2009년에는 전년 대비 16% 증가한 200만 명을 기록해 2억 6,000만 달러 이상의 외화 수입을 기록했다. 관광 산업의 세계적인 침체와 주변국인 타이의 정정 불안에도 불구하고 2009년 방문 관광객이 증가세를 보였다는 점은 상당히 고무적이다. 2009년 비엔티안에서 동남아시안게임을 개최하면서 주변국 관광객이 증가한 것이 서구 지역 관광객의 감소를 보완한 것으로 보인다. 글로벌 경제 위기가 완화된 2010년에는 약 210만 명, 2011년에는 270만 명이 방문해 관광 산업이 더욱 활황을 보이고 있다. 2015년까지 라오스 정부는 연간 330만 명의 외국인 관광객을 유치하고 관광 수입으로 6억 달러를 올리는 것을 목표로 하고 있다.

2012년 라오스 관광업은 큰 호재를 맞아, 11월에 50여 개국이 참여한 아시아·유럽정상회의가 수도 비엔티안에서 개최되었고, 12월에는 ASEAN 유니버시아드(ASEAN University Games) 또한 열렸다. 라오스 정부는 2012년을 '라오스 방문의 해(Lao Visit Year)'로 정했다. 이에 중국으로부터 차관을 들여와 공항을 증축하고, 항공 노선을 확장했다. 또한 2011년에 항공기도 추가로 구입했다. 루앙프라방 공항에 신공항로를 건설해 제트 항공기의 이착륙도 가능하게 되었다. 관광 분야의 인프라가 확충됨에 따라 라오스의 관광 산업은 성장에 더욱 탄력을 받을 것으로 보인다.

세계관광기구는 아시아·태평양 지역의 관광객이 매년 7%씩 성장할 것으로 예측하고 있다. 특히 라오스는 지리적 여건상 메콩 강 지역의 중앙에 위치하고 있어 세계적인 관광 국가인 타이·캄보디아·베트남과 연계된 관광지 개발이 유망한 상황이다(〈표 7 참조〉).

라오스 정부는 관광업을 진흥시키기 위해 ASEAN의 10개 회원국 국민에 대한 상호비자면제 협정을 체결했다. 이를 통해 주변국의 관광객이 늘어날 것으로 보인다. 한국인과 일본인에 대해서도 14일 이내 단기비자 면제를 실시하고 있다. 비자 면제에 해당되지 않는 국가의 관광객이라도 30일간의 여행 비자를 출입국 사무소에서 쉽게 발급받을 수 있게 하고 있다.

라오스 정부는 관광 인프라 구축, 마케팅 전략 개발 등을 통해 관광객들을 다양한 지역으로 유도하고자 노력하고 있으며, 이는 지역간 소득 불균형 해소에 기여할 것으로 기대된다. 라오스 정부는 관광

[표 7〉 라오스 관광 연계 지역

관련 국가	지역
중국	보케오(Bokeo) - 루앙남타 - 멍라(Muangla)
타이	루앙남타 - 보케오 - 씨엥쾅
	루앙프라방 - 치앙마이
	참파삭 - 우본 랏차타니(Ubon Ratchathani)
	묵다한(Mukdahan) - 사반나켓 - 쾅찌(Khuangchi, 베트남)
베트남	씨엥쾅 - 남간롱 로드(Namgandlong Road)
	캄무안(Khammouane) - 꾸낙비우(Kunagbiu)
캄보디아	비엔티안 - 팍세 - 시엠리아프(Siem Reap)

자료: Lao Tourism Strategy 2006~2020.

객의 출입국 편의를 위해 관련 사무소를 추가적으로 설치하고 있다. 현재 15개의 출입국 사무소가 있으며, 비엔티안·루앙프라방·참파삭·사반나케트에 있는 국제공항 역시 출입국 사무를 보고 있다. 또한 관광 산업 발전을 위해 전국에 산재한 환경 친화적인 관광지 개발을 목표로 이들 관광지의 관리 및 촉진 정책을 수립하고 있다.

라오스에는 아직 사람들의 손길이 닿지 않은 지역이 많다. 따라서 자연 그대로의 모습을 간직한 라오스를 보기 위해 서구의 관광객이 많이 방문하고 있다. 라오스 내 거주하고 있는 49개의 소수민족 역시 관광업에 기여하고 있다. 서로 다른 언어와 거주 양식, 전통문화 등을 유지하며 살아가고 있는 소수민족의 삶을 통해 관광객이 세계 어느 지역에서보다도 다양한 경험을 할 수 있기 때문이다.

라오스는 또한 전 국토의 41%에 해당하는 지역이 생태계가 보존되어 있는 원시림이다.* 라오스 정부는 1993년 이래 현재까지 20곳을 국립생태보존지역(National Protected and Biodiversity Conservation)

* 영국의 한 조류학자 팀의 발표에 의하면, 라오스에는 멸종 위기에 놓인 9종을 비롯해 총 437종의 조류가 서식하고 있다.

으로 지정해 보호하고 있다. 이 보존 지역은 전 국토의 14%를 차지하며, 라오스 정부는 9개의 국립생태보존지역을 추가해 전 국토의 20%를 보호하는 것을 목표로 하고 있다.

라오스 정부는 관광업의 진흥을 위해 소수민족을 방문하거나 밀림 지역을 순회하는 생태관광(Eco-tourism)을 전략적으로 지원하고 있다. 자연환경을 보호하면서도, 보호된 환경을 관광 자원으로 활용하려는 전략이다. 실제로 인프라가 어느 정도 개선되고 체계적인 관광 프로그램만 개발된다면 라오스는 자연과 문화 양측으로 경쟁력을 갖춘 관광지가 될 가능성이 높다.

라오스 관광 산업의 장점은 비용 대비 수익이 매우 높다는 점이다. 현재 필자가 거주하고 있는 루앙프라방은 유네스코(UNESCO)가 세계문화유산으로 지정한 관광 도시다. 이곳은 외국인을 대상으로 하는 업종의 물가가 매우 높아서 호텔 및 게스트하우스 숙박료, 레스토랑의 음식 가격이 한국과 동일하거나 약간 높다. 루앙프라방의 고급 호텔은 하룻밤 숙박료가 1,500달러인 경우도 있다. 반면 관광업에 종사하는 라오인의 인건비는 평균 200달러가 채 되지 않는다. 이 때문에 호텔, 레스토랑 소유주들은 비용 대비 수익이 매우 커 엄청난 이윤을 얻고 있다.

라오스 관광 산업의 약점은 관광 관련 인적 자원을 양성하지 못한다는 것이다. 전문성을 갖춘 교육 기관이나 연수 기관이 부족하고 일부 관련 기관들도 효율적으로 운영되지 않고 있다. 이로 인해 대부분의 호텔과 레스토랑에서는 경험 있는 인력을 채용하는 데 어려움을 겪고 있다. 특히 관광 산업은 관광객에 대한 서비스 개념이 있어야 하는데 라오인들은 타인에게 봉사하는 일을 천하게 여기는 경향이 있다(비엔티안과 루앙프라방의 유명한 호텔이나 레스토랑에서조차도 손님에 대한 기본적인 서비스가 제공되지 않아 당혹감을 느낄 때가 많다). 관광업이 다른 분야의 직업보다 소득이 높아 젊은 세대를 중심으로 관광가이드나 호텔리어를 꿈꾸는 이가 많아졌지만, 체계적인 교육 과정과 연수 프로그램이 없어 훌륭한 인적 자원을 배출하지 못하고 있는 실정이다.

관광 산업은 환경 파괴 없이 라오스 고유의 문화를 유지하고 발전을 모색한다는 점에서 지속가능한(sustainable) 산업 분야다. 라오스의 여러 경제적 여건상 제조업 중심의 산업 발전은 기대하기 어렵지만, 서비스가 개선된다면 굴뚝 없는 관광 산업이 고용을 창출하고 외화를 획득하는 최적의 산업으로 자리 잡게 될 것이다.

수력발전

라오스가 사회주의경제 체제에서 시장경제 체제로 안정적으로 전환하는 데에도 메콩 수자원 개발은 중추적인 역할을 담당하고 있다. 메콩 수자원 개발은 라오스 경제 및 재정에 안정적인 외화 수입을 확보하는 수단으로서, 현재까지 라오스 경제가 시장경제로 전환하는 데 버팀목이 되고 있다. 2010년 9월부터 2011년 8월까지 라오스 전기 생산량은 3,890MW로 전년 대비 188%나 증가했으며, 이 중 3,400MW를 수출해 1억 6,400만 달러의 수입을 올렸다. 이는 라오스 1인당 250달러의 수입을 올린 것으로 총 국민소득의 25%에 해당된다.

〈그림 6〉 라오스 경제 내 수력발전 기여도

(단위: MW/h)

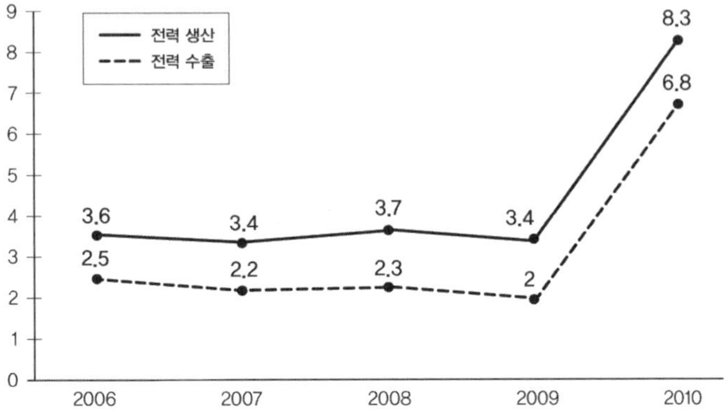

메콩 수자원 개발은 라오스의 경제 성장에 큰 기여를 해왔다. 2000년대에 들어서 라오스가 7% 내외의 높은 경제성장률을 안정적으로 실현할 수 있었던 것도 수력발전을 통한 전력 수출의 역할이 컸다고 할 수 있다(〈그림 6 참조〉). 특히 2008~2009년 글로벌 경제 위기로 인해 주축 산업인 관광업이 결정적인 타격을 입었을 때에 라오스가 국가적 위기를 넘길 수 있었던 것은 전력 수출이 든든한 버팀목이 되었기 때문이다.

2010년 남튼(Nam Theun)2 댐 완공으로 전력 생산 및 수출이 2~3배 증가해 향후 라오스 경제에 대한 수력 산업의 역할은 더욱 커질 것으로 보인다. 남튼2 댐 완공 이후 수력발전 수출로 벌어들이는 수입은 국민 1인당 330달러에 이를 것으로 예상된다.

라오스의 현 산업 환경과 경제적 여건은 수력 개발의 중요성을 더욱 부각시킨다. 현재 라오스는 계획경제에서 시장경제로, 생존기반

라오스 수력발전 댐

경제에서 상업경제로, 농업을 기반으로 한 전통경제에서 도시 중심의 현대화된 경제로 변화를 시도하고 있다. 1990년대 초까지 메콩 수자원에 대한 개발은 본격적으로 이루어지지 않았다. 메콩 강 개발은 초창기부터 수력발전 개발을 위한 댐 건설을 목적으로 시작되었으며, 라오스는 이러한 개발 프로그램 참여에 적극적이었다. 1990년대 초의 냉전 붕괴는 메콩 유역국, 특히 라오스에 중대한 외교적·경제적 변화를 가져왔으며, 메콩 개발을 위한 국가 간 협력은 수자원 개발을 위한 댐 건설에 집중되었다.

냉전 시기에 대립 구도였던 동남아시아 국가들의 역학 관계(라오스·베트남·캄보디아가 연합한 인도차이나 국가 대 기존 ASEAN 국가)는

1999년에 ASEAN으로 귀결되는 하나의 협력 구도로 전환되었다. 1990년대 초부터 개방을 시작한 라오스는 타이·중국 등 주변국과의 경제 교류가 급증했고, 냉전 시기에 메콩 유역 국가 간 갈등으로 인해 지지부진했던 수력발전 댐 건설 프로젝트 역시 재개했다. 현재까지 라오스는 메콩 유역국과 비교적 평화적인 관계를 유지하는 한편, 수력발전 댐을 순조롭게 건설해 개발 이익을 누리고 있다.

라오스 최초의 수력 댐은 남튼-힌분(Nam Theun-Hinboun) 댐이다. 타이전력청(Electricity Generating Authority of Thailand: EGAT)은 라오스 정부와 210MW 규모의 남튼 - 힌분 댐을 건설해 전력 생산의 95%를 타이로 수출하는 데 합의했다. 현재도 메콩 유역을 개발하기 위한 각종 프로젝트와 프로그램이 대규모로 진행되고 있다.

메콩 강 수력 개발의 잠재력은 약 3만MW로 추정되며, 이 중 라오스는 약 2만MW로 메콩 유역 국가 전체 잠재력의 무려 70%를 차지한다(〈표8 참조〉). 메콩 지류의 잠재력은 1만 7,000MW, 본류는 1만 3,000MW가량으로 추산되며, 상류 지역의 잠재력은 1만 8,000MW, 하류 지역은 1만 2,000MW로 추정된다. 현재 발전량은 약 2,612MW로 전체 잠재량의 10%에도 미치지 못해 앞으로 메콩 수자원 개발의 잠재력은 크다고 할 수 있다.

메콩 유역의 국가별 수력 개발 현황을 살펴보면, 캄보디아의 경우 현재 수력발전소는 단 한 곳으로 발전 용량 역시 1MW에 불과한 소형 댐뿐이다. 캄보디아의 수력발전 잠재력은 약 5,000MW로 라오스 다음으로 크지만, 현재 건설 중이거나 추진 중인 곳이 없어 당분간 수력발전의 생산과 공급은 기대하기 어렵다. 타이의 경우 기존 수력

〈표 8〉 메콩 유역국 수력 개발 현황

(단위: 개)

	라오스	캄보디아	베트남	타이
계획	59,502	5,589	181	0
검토	20,308	0	1056	0
건설	11,390	0	4623	0
생산	3,356	1	5954	532

자료: Mekong River Commission.

〈표 9〉 인도차이나 지역 에너지 자원 수출입 잠재력

	라오스	캄보디아	미얀마	타이	베트남	윈난(중국)
수력	○	●	◇	●	●	○
석탄	○	◇	○	●	○	○
천연가스	◇	◇	○	●	◇	◇
원유	●	◇	◇	●	◇	◇

주: ○ 수출, ● 수입, ◇ 중립.
자료: World Bank.

발전 이외에 향후 수력발전 댐 건설은 계획조차 하지 않고 있다. 베트남의 경우 기존 전력이 1,204MW로 메콩 유역국 중 가장 큰 발전 용량을 보이고 있고, 5개의 수력발전 댐이 현재 건설 중이다. 그러나 앞으로 단 2개의 발전 댐만이 추가로 추진·계획되고 있어 베트남의 수력발전 잠재력이 거의 소진되었음을 보여준다. 이러한 역내 국가들의 수력발전 여건은 조만간 라오스 수력발전의 역할과 비중이 메콩 유역국 중 가장 커질 수 있음을 시사한다.

라오스는 주변국의 전력시장 내 수력발전 수출에 비교적 유리한 여건을 가지고 있다. 타이·베트남·캄보디아는 향후 10년간 5~7%의 경제성장률을 지속할 것으로 보여, 라오스를 제외한 메콩 유역국

〈그림 7〉 메콩 지역 전력 수요 현황 및 전망

(단위: MW)

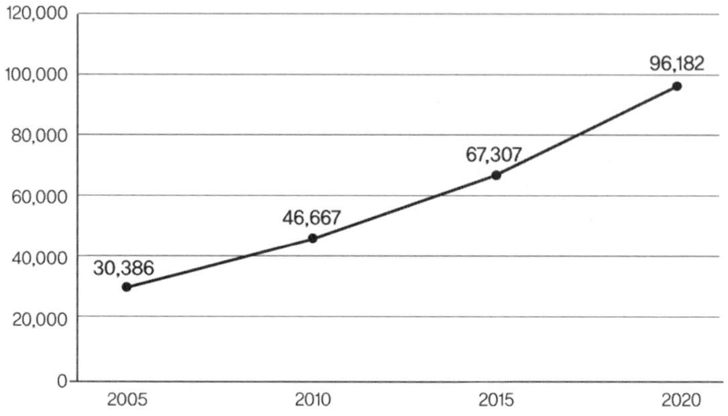

자료: Mekong River Commission.

대부분이 전력 부족을 우려하고 있다(〈그림 7 참조〉). 게다가 주변국 중 가장 큰 전력소비 시장인 타이가 라오스에 가장 인접해 있다는 지리적 이점도 가지고 있다.

라오스를 제외한 메콩 유역국 중 수력발전 분야를 적극적으로 확충하는 국가는 현재 거의 없다. 타이는 현재 환경보호 관련 시민단체의 반대로 수력 댐 건설을 검토조차 하지 않고 있으며, 베트남과 캄보디아의 경우 아직 수력발전의 가능성이 검증되지 못한 상황이다. 중국이 적극적으로 댐 건설 및 전력 생산에 박차를 가하고 있으나 윈난 성이 지리적으로 인도차이나 주요 국가와 거리가 멀다는 점과 자국의 전력 수요가 우선되어야 한다는 약점이 있다. 미얀마 역시 수력발전 가능성을 가지고 있으나, 서방 국가의 경제적·외교적 제재 때문에 본격적으로 댐을 건설하기 어려운 한계를 가지고 있다.

무엇보다 대규모 소비 시장인 타이가 대체 전력 시설을 갖추기 어렵다는 점이 라오스 전력 수출에 상대적으로 유리하게 작용하고 있다. 타이 전력 생산의 70%를 차지하는 액화천연가스(LNG)는 향후 20년 안에 소진될 것으로 전망된다. 게다가 타이 내 수력개발에 대한 노력은 NGO(nongovernmental organization, 비정부기구)의 강력한 반대에 부딪혀 실행에 옮길 수 없는 상황이다. 이에 전력 생산 대비 수력발전의 비중은 2003년 6.3%에서 향후 2.2%까지 감소할 것으로 보인다. 이로 인해 타이는 인근 국가인 라오스의 수력개발을 통해 자국에 전력을 공급하는 전략으로 선회했다.

타이는 라오스 전력 개발에 대부분 참여하고 있는데, 이는 타이의 전력 공급이 부족하기 때문이다. 물론 타이는 전력 수입을 라오스에만 의존하지 않는다. 타이는 미얀마로부터 1,500MW 규모의 전력을 공급받기로 했으며, 중국 윈난 성의 징홍(景洪) 댐으로부터 2017년까지 1,500MW의 전력을 수입하기로 합의했다.

라오스는 급속한 경제 성장으로 전력 부족을 겪고 있는 베트남과도 1995년 정부 간 양해각서(Memorandum of Understanding: MOU)를 맺고 1,500~2,000MW 규모의 수력발전을 공급하기로 했다. 이 밖에도 290~320MW 규모의 세까만(Xe Kaman)1 댐은 베트남으로 전력을 수출하고 있으며, 2006년 세까만3 댐까지 완공되어 공급 중이다. 세콩(Xekong)3A 및 3B 프로젝트 역시 각각 152MW, 96MW 규모로 타당성 조사에 들어갔으며, 닥 이멀레(Dak Emeule) 프로젝트 역시 138MW 규모로 개발을 검토 중이다.

캄보디아로의 수출은 아직 없지만 2007년 12월 라오스 및 캄보디아 전력국은 캄보디아 남부 지역에 10MW의 소규모 전력을 공급하기로 합의했으며, 나아가 2020년까지 200MW 규모로 공급을 확대하기로 했다. 캄보디아로의 전력 수출은 아직은 초기 단계이지만, 지리적 인접성과 캄보디아 전력 수요의 급격한 증가 추세를 볼 때 향후 타이·베트남과 같은 주요 수출 지역으로 부상할 가능성이 높다.

〈그림 7〉에서 보는 바와 같이 경제 성장과 산업화로 메콩 유역국의 전력 수요는 급증할 것으로 보인다. 반면 수요 급증에 대처할 수 있는 전력 공급 시설 확충은 대부분의 국가에서 보조를 맞추기 어려운 상황이다. 이와 같은 메콩 유역국의 전력 수급 불균형이 라오스에는 오히려 전력 수출의 유리한 여건이 될 수 있다.

라오스는 개별 국가에 대한 전력 수출보다는 지역 단위의 전력 수출을 선호하는데, 이는 수출로 인한 외화 획득 가능성을 증대시키고 외국인 투자 유치를 확대시킬 뿐만 아니라 규모의 경제를 통해 비용을 최소화할 수 있기 때문이다.

물류

라오스는 지정학적으로 인도차이나 반도의 교통과 물류의 중심에 위치하고 있다. 지난 10여 년간 라오스는 물류를 개선하기 위해 노력했다. 라오스 정부는 외국인 투자 유치를 위해 철도 및 도로 등 인프라를 확충하고 있다.

라오스 도로의 길이는 3만 9,568km이며 대부분 비포장으로 열악한 상황이다. 포장도로는 4,882km로 전체 도로의 포장률이 24%에 불과하며, 포장이 되어 있더라도 정기적으로 유지·보수를 하지 않고 방치되어 있는 도로가 많다. 특히 우기에는 토사 붕괴로 차량 통행이 불가능해지기도 한다. 수로(waterway)는 메콩 강을 중심으로 약 3,000km 정도 존재한다. 하지만 건기에는 운항이 거의 불가능하고, 중국과 베트남 등 주요 무역국과 연결되는 수로가 없다는 것이 약점이다. 라오스는 철도가 없는 국가였으나 2009년 비엔티안의 타나랭(Tanaleng)과 타이 농카이(Nong Khai)를 연결하는 철로가 처음 부설되어 운영 중이다. 하지만 철도가 무역과 교통의 근간으로 자리 잡기에는 많은 시간이 걸릴 것으로 보인다.

라오스는 전국적으로 14개의 공항이 있지만 이 중 포장이 된 곳은 9곳에 불과하다. 가장 큰 공항은 비엔티안에 있는 와타이(Wattay) 국제공항으로, 2012년 개최한 아시아·유럽정상회의 이후 대형 비행기의 이착륙이 가능한 공항으로 탈바꿈했다. 국내선의 경우 비엔티안은 대부분의 주요 도시와 연결된 항공편을 운영하고 있다. 국제선은 주로 타이의 방콕과 치앙마이, 베트남의 하노이와 호찌민, 중국의 쿤밍(昆明), 캄보디아의 프놈펜(Pnompenh)과 시엠리아프 등 주변국과 연결되어 있다. 다만 장거리 노선이 없어 2009년 방콕의 정정불안, 2011년 홍수 등이 일어났을 때 라오스 입국 관광객이 감소했다. 현재 라오스는 한국, 일본 등을 연결하는 장거리 직항로를 개설하고 있다.

라오스 정부는 부족한 도로 및 철도 등 인프라 건설을 위해 국제기구 및 선진국으로부터 자금을 지원받고 있으며, 한국을 비롯한 일본·프랑스·스웨덴·독일·영국 등이 연간 약 1억 4,000만 달러를 지원하고 있다. 이에 라오스 정부는 라오스·타이 간 메콩 강을 가로 지르는 다리를 3개 건설했으며, 2개의 다리를 추가로 놓을 예정이다. 또한 베트남의 다낭(Da Nang) 항구와의 도로망도 구축하고 있다. 그밖에도 중국·베트남·타이·캄보디아를 연결하는 도로와 철도 구축망에 대한 논의는 꾸준히 있어왔다. 중국은 쿤밍에서 비엔티안까지 이어지는 고속철도를 놓겠다는 야심찬 프로젝트를 시작했다. 중국은 자국의 물류망을 위해 쿤밍에서 라오스의 루앙남타와 보케오를 경유해 타이 국경에 이르는 아시안하이웨이(Asian highway)를 건설하고 있다. 또한 일본은 비엔티안에 시내버스 교통망을 구축하기 위해 노력하고 있으며, 러시아 역시 비엔티안 지역 트램(tram) 건설에 관심을 가지고 있다.

라오스 정부 및 외국 투자가들의 관심과 다양한 논의에도 불구하고 라오스 경제의 최대 약점인 물류 인프라는 쉽게 개선되지 않을 것이다. 라오스에서 공산품이 대부분 비싼 이유는 타이에서 수입한 것이 많은 탓도 있지만, 각 지방으로 물건을 운송할 때마다 값비싼 물류 비용을 지불해야 하기 때문이다. 가령 비엔티안에서 루앙프라방까지는 약 400Km로 서울과 부산 정도의 거리이지만, 육로로 이동할 경우 10시간이 넘게 걸린다. 시간이 많이 걸리는 것뿐만 아니라 도로가 2차선이라 폭이 좁고 급경사가 많아 매우 위험한 것도 문제다. 한국이 경부고속도로 건설로 물류 혁명을 이끌어내고 산업화의 원동력으로 삼았던 것처럼, 라오스의 발전을 위해서는 도로를 비롯한 교통 인프라의 확충이 시급하다.

금융업

라오스의 금융 산업은 개방·개혁 이후에도 국영 은행 위주로 운영되어왔으며, 최근 들어 민간 은행과 외자 은행들의 금융시장 참여가 이루어지고 있어 크게 발전하고 있다. 국내 은행뿐 아니라 외국계 은행이 설립되었고, 지방에도 지점(branch)이 빠른 속도로 증가하고 있다. 국내 은행은 국영 2개, 민간 1개로 총 3개이며, 외국 은행은 11개(독자 3, 합자 2, 지점 6)가 영업 중이다. 스탠다드차타드은행(Standard Chartered Bank)은 사무소 형태로 진출해 있다(〈표 10 참조〉).

상업 은행으로는 라오스대외무역은행(Bangue pour le Commerce Exterieur Lao: BCEL)과 라오개발은행(Lao Development Bank)이 대표적이다. 라오스대외무역은행의 자산은 2009년 기준으로 7억 5,400만 달러로 2008년 대비 33.3% 증가했다. 라오스와 베트남의 합작 은행

〈표 10〉 라오스 은행 현황

구분		개수	은행명
국내	국영	2	라오스대외무역은행, 라오개발은행
	민간	1	품사반은행
외자	독자	3	비엔티안상업은행(오스트레일리아·뉴질랜드계), 인도차이나은행(한국), 부영라오은행(한국)
	합자	2	공동개발은행(라오스·타이), 라오스베트남공동벤처은행(라오스·베트남)
	지점	6	방콕은행(타이), 타이군인은행(타이), 시암상업은행(타이), 끄룽타이은행(타이), 아유다은행(타이), 퍼블릭은행(말레이시아)
	소계	11	
사무소		1	스탠다드차타드은행

주: 2010년 말 기준.
자료: 강명구(2011).

인 라오스베트남공동벤처은행(Lao-Viet Joint Venture Bank)의 자산은 2억 4,100만 달러로 2008년의 2억 600만 달러에 비해 17% 증가했다. 자본금 수준은 라오스대외무역은행 4억 8,000만 달러, 라오스베트남공동벤처은행 1억 7,000만 달러, 인도차이나은행(Indochina bank) 1억 4,000만 달러 순이다.

라오스 주요 은행들의 수익은 불안정한 상태다. 자본금이 낮은 상태에서 높은 영업 이익이 발생하는 구조를 가지고 있으며, 자본금 대비 높은 대외 자금 조달로 'BIS(Bank for International Settlement, 국제결제은행) 자기자본비율'이 매우 낮은 상태다. 라오스대외무역은행은 예금 및 대출의 50% 이상을 점유하고 있다.

라오스의 국영 은행(중앙은행)은 통화와 환율 정책을 총괄하며 라오스 정부의 재정 정책을 집행하고 있다. 그밖에도 해외의 금융 기관이 다수 금융업에 진출해 있는데, 한국인이 영업 중인 인도차이나은행와 부영라오은행(Booyoung Lao Bank)도 있다. 인도차이나은행은 코라오(KOLAO)그룹, 군인상호공제회, 지방행정공제회 등이 공동으로 설립했다. 임대주택 전문 업체인 부영도 라오스에 주택을 건설하는 동시에 융자를 제공하는 주택금융 전문 은행을 운영하고 있다.

라오스 은행에서는 외국인들도 자유롭게 달러, 바트, 킵 계좌를 개설할 수 있다. 환전이나 해외로의 송금이나 입금도 어려움 없이 할 수 있다. 곳곳에 현금인출기 등이 있어 출금카드도 사용할 수 있다. 비자나 마스터카드 같은 신용카드로 결제하거나 현금서비스를 받을 수 있으나 주요 호텔과 식당을 제외하고는 사용이 어려운 편이다. 인터넷뱅킹은 아직 시스템이 구축되지 않았다. 은행은 월요일부터 금요일까지 오전 8시 30분부터 오후 3시 30분까지 이용할 수 있다. 일반적으로 상업 은행은 예금과 대출 이자율을 정부에서 정한 최소 이자율 이상으로 자율적으로 결정할 수 있다. 현재 상업 은행은 단기 대출에만 집중하는 모습을 보이고 있고, 국영 상업 은행은 장기 투자자에 대한 적절한 장기 예금, 대출 금리 설정 등 민간 분야의 경쟁력 향상에 많은 노력을 기울이고 있다.

2010년 10월 한국증권거래소와 라오스 정부가 세계 최초의 합작 거래소인 라오스증권거래소를 비엔티안에 설립했으나, 현재 상장된 회사가 2개에 그치고 있으며 시가 총액은 7,000억 원으로 규모가 매우 작은 편이다. 라오스 국영 통신회사인 ETL, 라오개발은행, 민영 기업인 다오흥(Dao Heung) 등이 상장을 추진하고 있다.

해외 투자 유치

해외 투자 개요

라오스는 1980년대부터 외국인 투자 제한을 완화하는 추세이며, 1986년에 공식적으로 시장을 개방하면서 현재까지 에너지·광산·농업·의류·산림·통신·교통·관광 분야 등 거의 모든 분야에 대해 외국인에게 시장을 개방했다. 특히 라오스 정부는 관광업 중 호텔 및 식당의 경우 외국인 단독 소유를 허용해 관광 사업을 적극 장려하고 있다. 다만 게스트하우스를 비롯한 소규모 숙박업소는 내국인 보호를 위해 외국인 투자를 허용하지 않고 있고, 관광안내 사업은 내국인과 합작 투자해야 한다.

라오스가 주변 동남아시아 국가들에 비해 안정적으로 경제 성장을 한 데에는 외국인 투자의 폭발적 증가가 큰 몫을 한 것으로 평가되고 있다. 라오스가 정치적 안정을 누리고 있고, 평화로운 관광지로서의 이미지를 구축하고 있어 외국인 투자자의 발길이 끊이지 않고 있다. 특히 라오스증권거래소의 개장은 자본 시장에 대한 개방을 상징하는 것으로 향후 외국인 투자자의 라오스에 대한 관심은 증가할 것으로 보인다.

라오스는 2004년 「외국인투자촉진법(Law on Promotion of Foreign Investment)」을 제정해 외국인 투자를 장려했다. 2009년에는 외국인 투자자와 내국인 투자자에 대한 차별을 없애기 위해 「외국인투자촉진법」과 「내국인추자촉진법」을 통합하는 내용의 「통합투자촉진법(Law on Investment Promotion)」을 제정했다. 라오스 정부는 2011년 4월 이 법에 대한 구체적 시행령을 공포했다.

라오스에 투자하려는 외국인은 투자진흥관리위원회(Committee for Promotion and Management of Investment)에 투자 신청서를 제출해야 한다. 제출 서류는 라오스 정부 양식의 신청서, 자산과 부채 예산서, 투자자의 인적 사항, 투자자의 재무 능력 증명서 등을 제출하면 된다. 투자 신청서가 받아들여지면 외국인 투자 라이선스가 발급되며, 발급일로부터 90일 이내에 사업을 시작해야 한다.

라오스 정부는 외국인 투자자들의 절차상 편의를 제공하기 위해 2011년부터 단일창구서비스(One-stop service)를 운영하고 있다. 단일창구서비스는 기획투자부(Ministry of Planning and Investment) 산하의 투자촉진부(Department of Investment Promotion)에 설치되어 있고,

외국인 투자에 대한 심사를 담당하는 관련 정부 기관(기획투자부·상공부·재무부·공안부·외교부 등)의 직원들이 파견 근무하고 있다. 단 일창구서비스의 주요 역할은 투자 환경에 대한 법률적 정보 제공, 각종 서류 작성 안내, 사업·취업·거주 비자 신청서 접수, 사업등록 번호 및 납세자등록번호 확인·제공 등이다.

라오스에서 기업을 등록하려면 통지서를 산업통상부(Ministry of Industry and Commerce)에 접수해야 된다. 산업통상부는 기업의 사업 분야가 제한 분야인지 비제한 분야인지 조사하는데, 제한 분야의 경우 13일 안에, 비제한 분야의 경우 10일 안에 기업등록증이 발급된다. 기업 등록을 하지 않고 사업을 운영할 경우 100만 킵에서 최대 10,00만 킵의 벌금이 부과된다.

외국인 투자 유형으로는 단독 투자, 합작 투자(joint venture), 계약에 의한 협력 사업 등이 있다. 단독 투자는 외국인이 단독으로 라오스에 기업을 설립하는 방법이며, 외국 법인의 지사나 대표 사무소 설립의 경우에도 해당된다. 대표 사무소를 설립하는 경우에는 기획투자부에 신청서를 제출해야 하고, 등록증명서는 신청서 제출일로부터 5일 이내로 발급된다. 대표 사무소는 라오스에서 사업을 할 수 없고, 정보 수집과 투자 연구를 목적으로 하는 행위만 가능하다. 외국은행* 설립의 경우 수도인 비엔티안으로 제한되어 있다. 라오스에 지사를 설립하려는 경우 산업통상부에 신청서를 제출해야 하고, 신청서 제출일로부터 15일 이내에 등록증명서가 발급된다. 계약에 의한 협력 사업은 별도의 신규 법인을 설립하지 않고 외국 법인과 라오 법인이 계약을 체결해 공동으로 사업을 운영하는 방식이다. 합작 투

* 라오스 금융기관은 2007년 13개에서 2010년 23개로 크게 증가했다.

자는 라오스에 법인을 설립해 외국인과 라오인이 공동으로 소유하고 사업을 운영하는 방식이다. 이때 외국인 투자자는 총 자본금의 최소 10% 이상을 투자해야 하며, 투자의 성격과 규모 및 영업 조건을 감안해 투자허가증의 유효 기간이 결정된다.

2011년 4월 「통합투자촉진법」에 대한 시행령 이후 외국인 투자 절차가 크게 간소화되었고, 일반 사업 종목에 해당되는 사업의 경우 기존 외국인 투자 허가 절차를 거칠 필요 없이 기업등록증만 취득하면 된다고 규정하고 있다. 기업등록증은 기획투자부의 단일창구서비스 또는 상업통상부에 신청서를 제출해 발급받을 수 있다. 다만, 외국인 투자자의 경우 일반 사업 종목에 대한 투자는 총 자본금이 최소 10억 킵이 되어야 한다.

토지 사용권은 라오스 헌법 제17조에 따라 국유 원칙하에 국가 공동체가 소유하고 정부가 관리하고 있다. 그동안 「외국인투자법」에 따라 외국인 투자자에게 토지임차권만 허용해왔으나, 2011년 「통합투자촉진법」 시행으로 자본금 50만 달러 이상인 외국인 투자자에게는 토지사용권 획득 권한을 부여했다. 토지사용권은 기존 토지임차권과 달리 토지 보호 · 이용 · 매각 · 상속의 권한이 주어진다.

라오스의 모든 토지를 상대로 토지사용권을 매입할 수 있는 것은 아니며, 국가토지관리청(National Land Management Authority: NLMA)에서 지정한 지역 내 국유지만 가능하다. 또한 대상 토지의 총면적은 800m^2를 초과할 수 없고, 거주 및 사업 영역으로 사용이 가능하며 매년 일정한 토지 사용료를 지불해야 한다.

라오스는 외국인 투자 촉진을 위해 「통합투자촉진법」에서 투자자의 권한을 대폭 강화했다. 외국인 투자자는 자산에 대한 보호와 이의 신청, 양허권 신청 등을 할 수 있다. 일정 금액 이상을 투자한 외국인 투자자와 그 가족이 라오스에 영주할 수 있는 권한도 부여된다. 또한 라오스 법만 준수한다면 해외 송금도 자유롭게 할 수 있다.

특별경제구역(Special Economic Zone: SEZ)

라오스 정부는 전국적으로 인프라 건설, 서비스, 물류, 제조, 첨단 기술 개발 촉진을 위해 전국 10여 개 지역을 특별경제구역으로 지정하고 세제 감면 등 각종 혜택으로 국내외 투자자를 유치하고 있다.

이 중 남부 사반나케트 주의 Savan-Seno Special Economic Zone은 2007년부터 개발되고 있는 대표적인 특별경제구역이다. 특별경제구역에서는 법인세가 8~10%, 개인소득세가 5%이며, 면세 기간 2~10년(제조업 10년, 서비스업 2년) 등 유리한 세제 혜택이 주어진다. 또한 최대 99년까지 임차할 수 있고(연장 가능) 30년 이상 임차 시 최초 12년은 임차료 면제 혜택이 있다.

수출 관련 상품 제조업의 경우 면세 혜택이 있으며, 원자재·건설 자재의 수입에 대해서도 면세 혜택을 준다. 다만 운영 목적으로 수입된 차량에 대해서는 1%의 수입세를 부과한다. 10만 달러 이상을 투자하는 외국인 투자자와 가족에게는 ID카드를 부여하고, 1년 이상 거주할 수 있는 장기비자를 제공하며 영주권을 주기도 한다.

특별경제구역은 총 4개의 지역으로 구성되어 있다. A 지역은 서비스 관련 지역, B 지역은 산업 지역, C 지역은 상업 지역, D 지역은 거주 지역이다.

〈표 11〉 사반나케트 특별경제구역과 주요 지역의 거리

지역	거리(km)
사반나케트 공항	5
타이 우본랏차타니 공항	130
비엔티안	424
베트남 다낭 항구	455
베트남 하노이	628
캄보디아 프놈펜	692
타이 방콕	698
베트남 하이퐁(Haipong) 항구	722

자료: Savannakhet Province.

〈표 12〉 특별경제구역 입주 기업 현황

국가	기업 수	투자 형태
라오스	10	단독 투자
말레이시아	4	
홍콩	1	
일본	2	
네덜란드	2	
프랑스	2	
한국	1	
타이	2	
벨기에	1	
오스트레일리아	1	
라오스·말레이시아	1	합작 투자
합계	26	

자료: 한·아세안 센터, 2012

사반나케트의 특별경제구역은 라오스와 메콩 유역국과의 교통 요충지로서 주요 지역과의 교류가 용이하다(〈표 11 참조〉). 사반나케

트 특별경제구역은 무역, 투자 및 서비스 투자를 유치하기 위한 전략적 사업 지역이다. 라오스 정부는 특별경제구역을 통해 산업화와 현대화를 추구하고 자본, 기술, 노하우를 전수받고자 한다. 또한 특별경제구역은 고용을 창출하고 지역 주민의 소득을 증대시킬 것으로 기대되고 있다.

라오스 정부의 특별경제구역 정책이 성공을 거두기 위해서는 몇 가지 선결 과제가 필요하다. 라오스 정부도 인정했듯이 현재 특별경제구역을 개발·운영하는 전문가가 부족한 상황이다. 특별경제구역에서 근무할 숙련 노동자도 부족하며, 금융서비스 역시 개선되어야 한다. 특별경제구역에 대한 국가적 노력과 함께 경제적 동기가 확실해질 때까지는 동 지역에 대한 사업성을 장담할 수 없는 상황이다. 2012년 6월 기준으로 라오스 내 특별경제구역에 10개국 26개의 기업이 입주하고 있다(〈표 12 참조〉).

외국인 노동 고용

라오스에서 외국인 투자자는 외국인 인력을 자유롭게 고용할 수 없다. 인력을 고용할 때 라오스 국민에게 우선권을 부여해야 하며, 이들의 직업 능력을 향상시켜야 할 의무가 있다. 기획투자부의 승인이 있을 경우 외국인 투자자는 외국인 고용원을 채용할 수 있으나, 이 경우에도 전체 고용원의 10%를 초과할 수 없다. 다만 외국인 투자자가 사업 활동을 영위하는 과정에서 라오스 국민에게 특정 전문성이 부족하며, 고도의 기술력이나 경험이 있는 해외 인력이 필요하다고 간주될 경우에는 해외 인력을 추가로 고용할 수 있다.

고용계약 종료는 통지서를 통해 이루어지며, 피고용인이 전문인력에 해당할 경우 45일 이전, 그 외 피고용인의 경우 15일 이전에 통지해야 한다. 만약 피고용인의 연속 결근, 물건 파손 등 명백한 잘못이 있는 경우 3일 이전에만 통지서를 지급하면 종료가 가능하다.

송금·조세·관세

라오스에서 발생하는 외국 투자 법인의 수익은 모두 라오스에 위치한 은행에 예치하고 운용해야 하며, 라오스 내 은행을 통해 송금해야 한다. 외국인 투자자가 납세 의무와 임금지급 의무를 이행한 경우 배당금을 해외로 반출할 권리가 인정된다. 라오스 내에 설립된 상업은행에서 외국환을 매입해 해외에 송금할 수도 있다.

라오스는 아시아 국가 중 세금 징수 시스템이 가장 개방된 나라 중 하나로 평가된다. 라오스 조세법상 모든 법인은 법인세(소득세)를 납부해야 한다. 과거 라오스 국적 법인에는 35%의 고정 세율이 적용되었고, 합작 법인을 포함한 외국 법인의 법인세율*은 「외국인투자법」에 의해 허용되는 면세 혜택 종료 후 투자가 이루어진 지역의 위치에 따라 10~20%가 부과되었다. 그러나 2011년 발효된 「통합투자촉진법」에 따라 외국인 기업도 내국인 기업과 동일하게 일반 조세법에 따른 법인세율을 적용받게 되었다. 2010년 조세법에 따른 법인세율을 26%로 경감하는 대통령령이 공포되었다. 천연자원(석유·천연가스·광물자원·목재) 탐사를 진행하는 기업은 2~20%의 천연자원세를 추가로 납부해야 한다.

* 법인 소득세가 최소세에 미달하는 경우 전년도 총 매출액의 1%를 납세해야 한다.

라오스는 법인세를 면세하는 방식으로 외국인 투자를 촉진하고 있다. 투자촉진 분야(공업, 농업, 서비스업)와 투자촉진 구역(산악 지역, 경제기반 지역)을 나누고 있으며, 공업 분야나 경제적 기반이 열악한 산악 지역에 투자할수록 면세 기간이 늘어난다. 외국인 투자자는 최소 1년부터 최대 10년까지 면세 기간의 혜택을 누릴 수 있다.

법인세 면제 이외에도 사업 확장을 위해 재투자하는 경우 이듬해에 법인세를 면제받을 수 있다. 또한 교육과 의료 분야에 투자하는 경우 추가로 5년간 법인세를 면제받으며, 정부에 지불해야 할 토지 임대료 또는 양도세도 일정 기간 면제받을 수 있다.

라오스에 소재한 기업 중 연간 수익이 4억 킵을 초과하는 기업에 한해 2010년 시행된 부가가치세 제도가 적용되어 세액이 납부된다. 연간 수익이 4억 킵을 초과하지 않는 기업에 대해서는 세액 납부 여부를 선택하도록 하고 있다. 부가가치세는 수입 상품 및 서비스 또는 라오스 국내에서 생산·소비되는 상품 및 서비스의 경우 일괄적으로 10%의 세율이 적용되는 반면, 수출용 상품 및 서비스의 경우에

라오스에서 세금 낼 때 주의할 점

비엔티안에서 미용실을 하는 한국인에게 직접 들은 사례다. 미용실 사장은 업소에 매월 찾아온 세무공무원에게 세금을 꼬박꼬박 냈다. 그런데 웬일인가? 한참 후에 자기 업소가 세금을 내지 않았다는 통보를 받았다는 것이다. 민간인이 세무공무원을 사칭한 것이 아니고, 실제 공무원이 미용실에서 낸 세금을 개인적으로 착복했던 것이다. 라오스에서는 이러한 일이 전혀 낯설지 않다. 따라서 라오스에서는 세금을 내건 무엇을 지불할 때 영수증을 챙겨두는 것이 매우 중요하다. 가장 확실한 방법은 개인적으로 찾아오는 공무원에게 지급하지 말고 직접 기관에 가서 납부하는 것이다.

는 0%의 세율이 적용된다. 관세가 면제되는 경우에도 모든 수출입품은 관세 코드에 따라 상세하게 신고해야 한다.

한국의 경우 한·ASEAN FTA(Free Trade Agreement, 자유무역협정)가 2009년 발효됨에 따라 라오스의 경우 2015년까지 일반품목군의 최소 50% 품목에 대한 관세를 0~5%로 인하하고, 2018년까지 관세철폐를 완료할 예정이다. 또한 일반민감품목군에 대해서는 2020년까지 20%, 2024년까지 0~5%로 인하할 예정이다. 현재 한국의 주요 수출 품목인 자동차에 부과되는 세금은 수입관세 40%, 소비세 10~90%, 판매세 10% 등이다. 라오스의 수입관세율은 5~40%이지만 실질적으로 부과되는 세금은 일반적인 수입품의 경우 관세에 판매세가 더해지고, 사치품의 경우 관세에 판매세, 소비세까지 세금이 추가로 부가되기 때문에 실제 관세 장벽은 상당히 높은 편이다. 참고로 소비세는 특정 소비재와 석유 제품의 수입 및 라오스 국내 판매 시 과세된다. 소비세는 상품의 종류에 따라 5~90%의 세율이 적용된다.

경제 전망

라오스의 오랜 숙원이었던 세계무역기구(World Trade Organization, WTO) 가입이 2012년 10월 158개국 전 회원국의 동의로 이루어졌다. 지난 1997년 7월, 가입 신청을 한 이래 승인까지 무려 15년이 걸린 것이다. 최빈개도국으로 사회주의 체제 전환국가인 라오스의 WTO 가입은 고립과 은둔의 이미지를 가지고 있던 라오스의 개방체제로의 전환을 상징적으로 보여주는 역사적 사건이다. 1997년 ASEAN 가입 이후 라오스가 주요 지역 기구에 참여하기는 했으나,

WTO 가입은 라오스의 개방 영역이 동남아시나아 동아시아를 넘어 세계 전반으로 확대되었음을 의미하는 것이다. 여타 국가와 마찬가지로 라오스는 WTO에 가입함으로써 기회와 도전을 동시에 맞게 되었다. 각종 무역과 투자 제도를 국제 표준(global standard)에 맞게 전환하는 것은 외국인 투자를 활성화시킴으로써 라오스 경제에 활력을 줄 것으로 보인다. 하지만 라오스 정부가 여전히 권위적인 관료주의에 익숙하고 부정부패가 심한 편이어서 단기간에 변화를 기대하기는 어렵다. 게다가 제조업 등 취약한 내수 산업이 외국 자본과 상품의 유입으로 심각한 피해를 입을 가능성 또한 크다. 라오스의 WTO 가입의 미래는 라오인 스스로에게 달려 있다. WTO 가입은 라오스 경제 개방의 종점이 아닌 하나의 과정이기 때문이다. 몇몇 법규의 개정으로 라오스의 개혁과 개방이 완성될 수는 없다. 라오스는 현재 근본적인 변화, 즉 기득권을 가지고 있는 정부 고위 관료들의 혁신, 공기업의 투명하고도 선진적인 경영의 도입, 그리고 내수 산업의 경쟁력을 키워야 하는 과제를 안고 있다.

라오스는 2020년까지 사회적·경제적 발전을 이루어 세계 최빈국에서 탈피하는 것을 우선 과제로 삼고 있다. 1993년 빈곤선(1일 2달러 이하 소득) 이하의 비율이 전체 국민의 46%에서 2010년 26%로 감소했다는 점은 고무적이지만 아직 갈 길이 멀다. 라오스 대부분의 국민은 여전히 빈곤에 허덕이고 있으며, 제대로 된 사회보장 제도가 갖추어져 있지 않다. 의료보험 제도나 연금 제도도 마련되어 있지 않아 많은 사람이 경제적 이유로 치료를 받지 못하고 있으며 노후 생활을 준비하지 못하고 있다.

라오스는 2020년까지 인구 830만 명, 1인당 국민소득 2,000달러, 문맹률 10% 이하를 목표로 하고 있다. 이를 위해서는 매년 7%씩 경제성장을 이루어야 하며, 정부 투자는 GDP의 12~14% 수준이어야 한다. 단기적으로는 2015년까지 1인당 국민소득 1,700달러를 목표하고 있으며, 이를 위해서 연간 8%의 경제성장률을 유지해야 한다. 또한 정부 투자가 GDP의 19% 이상 이루어져야 하며, 정부 부채를 GDP의 3~5% 내로 유지해야 한다.

라오스는 2005년부터 2010년까지 매년 7% 이상의 경제성장률을 기록하며 국민소득 1,000달러 목표를 달성했다. 앞으로 10년 동안 이러한 성장률을 유지한다면 2020년에 세계 최빈국을 벗어날 수 있을 것이다. 그러나 이를 달성하기 위해서는 정부와 민간 모두의 노력이 필요하다.

'비전 2020'의 목표 달성을 위해 라오스 정부는 수출 산업 강화에 주력하고 있다. 이를 위해 자본·화폐시장을 구축하고 해외 자본의 원활한 유입을 도모하고자 노력하고 있다. 실제로 라오스는 자유로운 기업 활동을 보장하고 투자 기업에 대한 다양한 인센티브를 제공하고 있다. 또한 앞서 살펴본 바와 같이 경제특별구역을 설정해 외국인들의 투자를 유도하고 있다.

라오스가 경제적으로 발전하기 위해서는 현재 나타나고 있는 여러 문제점을 해결해야 한다. 먼저 정부 행정의 효율성을 높여 외국인 투자자들의 각종 사안을 신속히 처리해야 한다. 현재 라오스는 투자와 관련된 절차가 복잡하고, 각 절차마다 시간이 많이 걸려 장애물이 되고 있다. 최근 기획투자부에서 투자자들에게 원스톱 서비스를 제공하기 시작했으나, 실제적인 성과로 이어질지는 기다려봐야 한다.

또한 라오스 경제 발전을 위해서는 대폭적으로 산업 인프라가 확충되어야 한다. 현재 라오스 내 인프라 대부분은 해외에서 유입되는 원조금으로 건설되고 있다. 원조금은 수여국의 경제적 상황에 따라 축소되거나 지연되거나 심지어는 취소될 수도 있기 때문에 인프라 건설에 대한 장기적인 계획이 불가능하다. 이를 개선하기 위해서는 현재 유입되는 원조금이 사회 전반의 인프라 확충에 전적으로 사용될 수 있도록 해야 하며, 더불어 라오스 자체 예산으로도 인프라를 확충(특히 전력·도로·통신망 구축)하도록 노력해야 한다. 인프라 확충은 해외 투자자들의 유입을 더욱 촉진시킬뿐더러 라오인의 삶의 질을 향상시킨다는 점에서 무엇보다 중요하다.

라오스 경제 발전의 또 다른 과제는 수출 산업의 개발이다. 내수 시장이 빈약한 라오스 입장에서는 수출 경쟁력을 통해 경제 성장을 도모했던 한국 경제가 좋은 모델이 될 수 있다. 라오스의 비교 우위 산업을 개발하고, 과감히 해외 시장에 진입해 외화를 획득하고 다시 이를 재투자해 수출 경쟁력을 높이는 수출드라이브 정책이 요구된다. 현재와 같이 원목 및 광물과 같은 단순한 자원 수출로는 라오스 경제의 성장을 기대할 수 없으므로 고용과 수출을 동시에 확대할 수 있는 제조업의 발전을 적극 추진해야 한다. 또한 전력 산업과 관광업을 국가의 기간산업으로 삼고, 관련 품목과 분야를 국제 경쟁력을 갖춘 수준까지 끌어올린다면 라오스 '비전 2020'은 분명 현실화될 것이다.

라오스 경제에서 가장 중요하게 개선되어야 할 점은 기업이 경영하기 좋은 환경을 제공하는 것이다. 2011년 세계은행보고서(Doing Business)에 따르면, 라오스는 세계에서 기업이 활동하기 용이한 국가 순위에서 183개국 중 171위에 그쳤다. 또한 2010년 국제투명성기구(International Transparency)에서 발표한 부패 지수에서도 라오스는 178개국 중 154위를 기록했다. 이 두 분야 모두에서 최하위에 근접한 결과는 라오스 경제에서 무엇이 시급히 개선되어야 하는지를 잘 보여주고 있다.

라오스의 국가적 발전은 정부가 발표하는 몇몇 정책이나 프로그램에 의해 가능한 것이 아니라, 효율적 거버넌스(governance)의 운용과 교육의 개혁을 통한 고급 인적 자원의 양성 및 산업 인프라의 대대적 확충이 따라야 하는 것이다.

라오스 비전 2020

경제성장률 신장, 삶의 질 향상
국가가 보유한 자원과 대외 협력을 통한 시장경제 육성
실업률 감소 및 경제 구조 재조정
사회주의에 입각한 시장 육성
대외 경제의 효과적인 발전 및 신장 지속
질과 양적인 측면에서의 교육 구조 재창출
과학 기술의 활용, 환경 보호
발전을 위한 인적·사회적·기술적 요소 활용
경제 성장에 준하는 문화·사회 개발
빈곤 완화를 위한 노력 지속
고용 창출 및 사회악 요소 제거

라오스의 교육

교육과 사회적 개혁

라오스는 사회주의 정권이 들어선 이래 세 번의 정치사회적 개혁을 단행했다. 집권 초기인 1975년 사회주의자들은 과거의 식민 유산 및 왕정의 흔적을 없애고자 했다. 그러나 혁명정부의 첫 번째 개혁은 1980년에 이르렀을 때 실패로 끝났음이 드러났다. 경제 운용은 취약했고, 국가 경제는 여전히 외부 특히 구소련과 베트남의 원조에 의존했으며, 의욕적으로 시작했던 많은 개발 프로젝트는 숙련된 노동 인력의 부족으로 성공에 이르지 못했다.

두 번째 개혁은 1986년 시작된 사회주의경제 체제에서 시장경제 체제로의 점진적인 이행이었다. 이 같은 신경제정책을 통해 국유 기업을 매각하고 사유 기업 및 영리 활동의 법률적 · 제도적 절차를 수립했다. 이러한 변화는 교육에 대한 국가의 역할 변화도 기대하게 했는데, 라오스 정부는 법령을 새롭게 제정하고 교육 제도에 대한 구조와 인프라를 지원하기 시작했다.

세 번째 개혁은 1991년부터 시작된 지방분권화(decentralization) 시대에 발맞추어 대두된 교육의 불균형을 해결하고자 하는 것이었다. 이로 인해 교육 부문에서 지방으로의 권리 · 의무 이전이 추진되어왔다.

라오스 정부는 여러 면에서 교육 현실이 개선되었다고 공표하고 있지만, 유네스코 세계교육보고서*에 따르면 2010년 라오스에서 초등학교 교육을 받을 수 있는 국민은 취학 연령 아동 중 86%로, 아시아 국가 중 최하위를 기록했다. 한국이나 일본은 물론 주변국인 미얀마나 캄보디아보다도 낮은 수치다. 더욱이 초등학교 재학생 중 70%만이 5학년 정규 과정을 졸업한다. 중등학교(중·고등학교)에 진학하는 학생은 35%로 급격히 떨어지며, 이 중 중등학교를 졸업하는 학생은 단지 5%뿐이다. 대학 교육을 받는 대상은 불과 1.5%로 이 역시 아시아 국가 중 최하위다.

라오스 교육은 부적절한 시스템, 낮은 교사 급료, 불충분한 예산, 시설 부족 등 총체적인 문제를 안고 있다. 교육 서비스를 받는 부분에서도 민족별, 성별, 빈부 간 불평등이 크게 존재한다. 열악한 라오스 교육을 위해 헌신하는 교사가 거의 없다는 것은 가장 큰 문제다.

이에 라오스 교육부는 효과적인 교육 행정·운영·감독을 위해 교육강화프로그램을 운영하고 있다. 라오스 교육부에는 중앙에 9개의 부서가 있으며 지방에는 2개의 행정기관이 있다. 주교육청(Province Education Service: PES)은 주에 속해 있는 중등학교와 직업학교를 감독한다. 구교육부(District Education Bureau: DEB)는 초등학교, 유치원 및 탁아소를 감독한다.

교육 정책

학제

모든 국가가 그렇듯 그 나라의 미래는 교육에 달려 있다. 한국이

* 유네스코 세계교육보고서에서 라오스의 교육 여건은 전체 조사 대상 177개국 중 129위를 기록했다.

천연자원, 자본, 기술도 없이 현재의 성과를 거둔 것은 교육의 힘이 컸다는 사실을 부인할 사람은 없을 것이다.

라오스 정부가 원하는 사회경제의 발전은 현재의 낮은 교육 수준을 끌어올려 인적 자원 개발에 힘쓰지 않고는 불가능하다. 최근 라오스 정부가 인적 자본의 중요성을 인지하고 많은 관심과 역량을 투입하고 있지만 양적·질적 면에서 아직 많이 부족한 실정이다.

라오스의 학제는 2010년 변화되었다. 이전에는 5+4+3+5 학제, 즉 초등학교 5년, 중학교 4년, 고등학교 3년, 대학교 5년제를 채택했으나, 2009~2010 학사년도 이후에는 5+3+4+4 학제, 즉 초등학교 5년, 중학교 3년, 고등학교 4년, 대학교 4년제로 변경했다.

학사 일정은 매년 9월 시작해 익년 8월에 끝난다. 예를 들어 2012~2013년도는 2012년 9월부터 2013년 8월까지다. 모든 교육 기관은 1년에 두 번 방학이 있으며, 시기와 기관은 각 지역 및 교육 기관에 따라 다르다. 라오스 내 모든 교육 기관은 주 5일제 수업을 하고 있지만, 직장인을 위한 전문대학은 주말에 강의가 있기도 하다.

교육 정책

앞서 밝혔듯이 라오스는 2020년 세계 최빈국 탈출을 궁극적인 개발 목표로 삼고 있다. 이를 위해 라오스는 교육 시스템을 개선하려고 노력하고 있으며, 다음과 같은 교육 관련 비전을 제시했다.

라오스 교육 비전 2020

1. 전 국민의 초등교육 의무교육화와 중학교 교육 참여의 확대
2. 문맹의 완전 퇴치를 위해 절대빈곤계층에 대한 교육 지원
3. 현대 사회경제 발전에 부합하기 위한 직업기술·고등교육의 확대
4. 현대 과학기술 능력을 갖춘 기능 인력, 기술 인력, 전문가 및 지식인 양성
5. 국내 교육의 점진적인 향상을 통한 국제 수준으로의 접근
6. 교육을 인적 자원 개발의 핵심 분야로 선정해 집중 투자
7. 교육이 전 국민의 사회적 의무라는 인식 확산

교육 비전 2020을 이루기 위해 라오스 정부는 중장기 목표인 비전 2015를 다음과 같이 발표했다.

라오스 교육 비전 2015

1. 취학 전 아동들을 대상으로 한 조기교육 기회 확대 및 개발
2. 2015년까지 모든 아동에 대한 초등학교 의무교육 실시
3. 청장년에 대한 적정한 교육 기회 및 삶의 방법 교육 실시
4. 2015년까지 성인 50% 문자 습득률 달성
5. 2015년까지 양성 평등한 교육 기회 부여

라오스 정부와 유네스코가 공동 발행한 EFA(Education for All) 보고서에 따르면, 각 분야별 목표가 다음과 같이 더욱 구체화되었다.

취학 전 교육

- 만 3·4세 아동의 재학률을 2015년까지 17%로 증진한다.
- 만 5세의 재학률을 2015년까지 55%로 증진한다.
- 지역공동체 유치원 재학률을 2015년까지 30%로 증진한다.

▸ 사립 유치원의 비중을 2015년까지 30%로 확대한다.

초등교육
▸ 재학률을 2015년까지 100%에 이르게 한다.
▸ 1학년 유급률*을 2015년까지 3%로 감소한다.
▸ 1~5학년 사이의 퇴학률을 2015년까지 2%로 감소한다.
▸ 학생당 교사 비율을 31:1의 비율을 초과하지 않는다.

중등교육
▸ 초등학교에서 중학교로의 진학률을 2015년까지 85%로 증진한다.
▸ 현재 일반교육과정 5+3+3 체제를 5+4+3 체제로 변경한다.

고등교육
▸ 현 대학 수준을 국제적 수준으로 향상한다.
▸ 고등교육 수료자를 현재 인구 10만 명당 1,068명에서 2010년까지 1,140명으로 증대한다.

직업기술교육
▸ 직업기술교육의 대상자를 2010년까지 5만 명 이상으로 확대한다.

이러한 라오스 정부의 의욕적인 노력과 각종 정책 수립에도 불구하고 UN이 발표한 인적자원개발지수(Human Resource Development Index: HRDI)에 의하면 라오스는 187개국 중 138위(2011년 기준)를 기록하고 있다. 이는 라오스의 교육 개선 속도가 다른 국가들보다 급속하지 않음을 나타낸다.

라오스 교육부는 교육 재정 정책과 관련, 비전 2020을 이루기 위해 현재 국가 전체 예산의 11~12%를 차지하고 있는 교육 재정을 법정 기준인 18%대로 늘려줄 것을 요청했다.

* 라오스 학교는 학년 말 시험을 치러 하위 성적 학생을 상위 학년으로 올리지 않는 유급제를 실시하고 있다.

교육 현황

초등교육

라오스는 교육 여건이 꾸준히 개선되고 있지만, 여전히 많은 영역에서 부족함을 드러내고 있다. 2010년 라오스의 초등학교 진학률은 77%로, 1995년 38%와 2005년 54%에 비해 크게 증가했다.

라오스는 영유아 인구가 급증하고 있는 상황이라 이들을 위한 교육 투자 확대가 시급한 상황이다. 라오스 교육부 자료에 따르면 교사 1인당 학생 수가 2005년 16명에서 2007년 18명으로 증가했다. 이는 유치원 설립 증대가 학생 증가 추세를 따라가지 못함을 의미한다. 소규모 마을마다 학교를 짓는 것은 도시의 대규모 학교를 몇 개 짓는 것보다 비용이 많이 든다. 이로 인해 도시·농촌 간, 남녀 간, 빈부 간 교육 격차가 더욱 심화되고 있다.

라오스 성인의 27%가 문맹인데, 여성 문맹률은 45%로 남성 문맹의 23%보다 훨씬 높다. 이는 여성이 생활비를 벌기 위해 직업 전선에 뛰어드는 경우가 많기 때문이다. 라오스 사회에서는 소매점·음식점·숙박업의 대부분을 여성이 운영하고 있다. 전통 수공업, 서비스업 등에서도 많은 여성이 일하고 있다. 도시와 농촌 지역의 문맹률 격차는 매우 클 것으로 예상되며, 라오어를 주요 언어로 사용하지 않는 소수민족의 문맹률은 더욱 높다.

라오스 초등교육은 의무교육으로, 취학 전 교육에 비해 그 대상이 크게 확대되고 있다. 라오스 교육의 핵심 목표인 보편적 교육의 제공이라는 측면에서 초등학교 현황은 매우 중요한 의미를 가지고 있다. 원조국들도 초등학교 교육에 많은 지원을 하고 있다.

라오스 초등교육의 근본적인 문제는 산간 지역 및 고립된 지역의 재학률 개선이 쉽지 않다는 점이다. 수도인 비엔티안이나 사반나케트 등의 주요 대도시 학교 수는 증가하는 것에 비해, 산간 지역의 학교 수는 오히려 감소하고 있다. 현재 라오스 초등학생의 10%는 집에서 도보로 1시간 이내 거리에 학교가 없는 상황이다. 심지어 통학 시간이 3~4시간 이상 걸리는 경우도 2.8%나 있다. 반면 도시에 거주하는 학생들의 경우 도보로 30분 이내에 학교가 있는 경우가 대부분이다. 산간 지역(주로 소수민족)이나 빈곤 지역에 살고 있는 학생들이 학교에 가기 어려운 상황은 도시 지역과의 교육 격차를 더욱 확대시키고 있다. 특히 6~10세 아동의 낮은 취학률·재학률은 문맹을 크게 양산한다는 문제점이 있다. 초등학교 학생 중 상당수가 중도에 학업을 포기하고 있어, 모든 라오스 학생이 초등교육을 완료할 수 있도록 정부·학교·학부모의 공동 노력이 필요한 상황이다.

라오스 초등학교의 또 다른 문제는 각종 기자재와 교실의 부족이다. 산간 지역은 물론 대도시에 있는 초등학교조차 각종 교보재가 부족한 상황이며, 식수와 화장실 같은 기본적인 위생 시설이 갖추어지지 않은 경우가 많다.

경제가 성장함에 따라 앞으로 소득 격차로 인한 교육 격차도 확대될 것이다. 수도인 비엔티안의 경우 외국계 학교가 많아 중산층 이상의 자녀들은 고급 교육을 받을 기회가 생기는데, 이는 교육을 받는 소수 엘리트의 자녀들에 의해 라오스 사회가 독점되는 결과를 가져올 수 있다.

중등교육

라오스에서 중등교육은 대체로 도시 지역 및 경제적으로 개발된 지역에서만 받을 수 있다. 이들 지역과 산간 및 빈민 지역과의 교육 격차는 초등교육보다 중등교육이 훨씬 크다. 도시 지역에 주로 집중되어 있는 학생으로 인해 농촌 지역의 강의실은 공동(空洞)화되고 있다.

중등교육 진학률은 소수민족 특히, 여학생의 경우 크게 감소해 성별 간 교육 격차를 심화시키고 있다. 여성은 의무교육인 초등학교 교육만 받으면 된다는 사회적 인식 때문이다.

중등교육의 환경의 질 또한 그리 좋지 않다. 교사는 질적으로나 양적으로 부족한 상황이며, 교사의 자질 향상을 위한 연수 또한 제대로 이루어지지 않고 있다. 중등교육의 수요는 크게 증가하고 있는 반면, 이를 위한 투자는 수요의 증가에 미치지 못하고 있다. 라오스 정부의 정책과 해외 원조 또한 초등교육의 개선에 집중되어 있어 중등교육에 대한 관심은 상대적으로 미흡하다.

고등교육

어느 국가든 고등교육은 고급 인적 자원 배출의 핵심이라고 할 수 있다. 이전에는 서로 다른 교육 부서에서 제각각 라오스 고등교육을 담당했으나, 1996년 기존의 10개 교육 기관을 통합해 라오스국립대학교를 설립했다. 라오스의 종합국립대학교는 현재 모두 4개로 라오스국립대학교 외에 2002년 설립된 참파삭대학교, 2003년에 설립된 수파누봉대학교, 2009년에 설립된 사반나케트대학교 등이다.

라오스 교육부 자료에 따르면 이 밖에 5개의 교육대학교와 87개의 사립대학교가 있다. 교육대학교는 초·중·고등학교 교사를 양성하는 기관이며, 사립대학교는 경영·외국어·컴퓨터 등을 가르친다. 작은 규모의 사립교육 기관도 최근 증가하고 있는데, 이를 흔히 아카데미라 부른다.

라오스는 최근 급증하는 고등교육 수요를 위해 대학교를 잇달아 설립했지만 신설 학과를 수용할 만한 설비와 인력을 갖추지 못했다. 대부분의 교원이 대학교를 갓 졸업한 학사들로 충원되는 현실 속에서 질 높은 고등교육을 기대하기 어려운 상황이다.

라오스 대학생은 한국의 수학능력시험과 유사한 전국 단위의 시험을 치러서 선발되기도 하고, 각 지방마다 쿼터(Quarter)제를 실시

라오스 학생들의 점심 식사

필자가 있는 루앙프라방은 차량이 적은 편이어서 교통체증을 경험해본 적이 거의 없다. 하지만 매일 운전할 때 피해야 할 시간이 있는데, 그것은 학생들의 점심 식사가 시작되는 11시 30분 무렵이다.
라오스 학생들에게는 도시락이 없다. 급식은 더더욱 없다. 점심시간이 되면 학생들이 집에서 식사를 하기 위해 자전거나 오토바이를 타고 일제히 거리로 쏟아져 나온다. 물론 걸어서 집에 가는 학생도 많다. 아무리 집이 멀어도 예외가 없다. 제각기 집에 무슨 보물이라도 있는 양, 한쪽 도로를 가득 메운 학생들의 귀가 행렬을 보고 있자면 웃음이 나오기도 한다.
실상 집에 돌아가서 점심 먹는 모습을 보면 특별한 것이 없다. 그저 점심을 집에서 가족과 먹는 것이 습관이 되어 있는 것뿐이고, 낮잠을 조금 청하기도 한다는 게 특이하다. 필자로서는 점심시간이 필요 이상으로 길고, 집과 학교를 오가면 수업에 집중하는 데 어려움이 있지 않을까 염려가 되었다. 아마도 라오스를 아직 잘 이해하지 못하는 데서 온 불필요한 염려였을 것이다.

해 선발되기도 한다. 쿼터제로 선발된 학생은 대부분 지역의 우수한 인재로 등록금이 면제되는 것은 물론, 기숙사비 등 생활비 일부를 지원받기도 한다.

라오스 대학의 등록금은 매우 저렴한 편이다. 수파누봉대학교의 경우 등록금은 연간 120달러(원화로 13만 원) 정도에 불과하다. 또한 주간대학과 야간대학 중 전국 단위 시험을 통해 주간대학으로 입학한 학생은 등록금이 면제되는 경우가 많다. 야간대학에 입학한 학생의 경우는 대부분 자비로 등록금을 내야 한다. 야간대학에는 기업이나 관공서에서 근무하다 대학 공부를 하기 위해 입학한 사람이 많다.

등록금이 저렴해 많은 학생이 경제적 부담 없이 대학교를 다닌다는 것은 분명 좋은 일이다. 그러나 라오스에서는 여러 가지 부작용이 함께 나타나고 있다. 우선 국가나 지방정부로부터의 지원이 거의 없는 상태에서 등록금 수입마저 없다 보니 대학교 재정이 너무나 어렵다. 학교 시설을 확충하고 개선하는 것은 엄두도 낼 수 없고, 교수들에게 월급을 주기도 빠듯한 상황이다. 또 다른 부작용은 등록금이 없다 보니 학생들이 여러 사립대학교를 다니며 복수의 학위를 받는 것이다. 공부를 더 하고자 하는 마음이야 좋지만 대부분의 사립대학교 수준이 학원보다 낮다는 게 문제다. 어이없는 것은 사립대학교 강의를 국립대학교 교원이 한다는 점이다. 학생들은 등록금을 낼 필요가 없으니 사립대학교에 등록하고, 교수들은 월급이 부족하니 사립대학교에 출강을 하는 형편이다. 이런 구조라면 차라리 대학이 적절한 수준의 등록금을 받고 교수들에게 지금보다 높은 월급을 주어서 강의의 내실을 다지는 것이 더 효율적이지 않을까 싶다.

라오스 고등교육의 가장 시급한 문제는 역량 있는 교원이 부족한 것이다. 라오스국립대학교의 경우는 수도에 위치하고 있어 그나마 경험이 많은 교수가 다수 있는 편이다. 하지만 수파누봉대학교의 경우 교원 대부분이 라오스국립대학교나 수파누봉대학교를 갓 졸업한 학사 출신이다. 한국의 석사 과정 학생보다도 지식이 부족한 20대 중반의 학사들이 바로 강의를 맡는 현실이다. 이런 상황 속에서 질 높은 강의와 교육이 이루어지기는 불가능하다.

그러나 라오스 내 석·박사 교육 과정이 희소하고, 해외 유학의 기회가 극히 제한되어 있는 상황에서 교원들의 역량을 개선할 방법이 별로 없다. 간혹 중국, 타이 등의 장학 프로그램을 통해 석사 과정을 이수하기 위해 유학을 가는 교원도 있지만, 이로 인해 남아 있는 교수들이 수업을 과중하게 하거나 파행을 가져오는 경우가 많다. 또한 중국, 타이 등지에서 석사 과정을 마치고 돌아온 교수들이 더 역량을 갖추었다고 보기도 어렵다. 현재 라오스 교수 대부분이 행정도 겸하고 있어 자체 연구나 프로젝트 등의 여력이 없는 점도 문제가 되고 있다. 수업의 질을 높이기 위해서는 행정 직원을 별도로 뽑고, 교수는 연구와 강의에 집중할 수 있도록 해야 한다.

라오스 교수들의 연구 역량을 증대시키기 위한 연구소 설립도 시급하다. 수파누봉대학교의 경우 연구소가 전혀 없어서 필자가 운영하는 한국협력센터가 한국으로부터 일부 연구과제를 위탁받아 라오스 교수들과 함께 수행해왔다. 타이, 중국, 국제기구로부터 간혹 연구과제가 들어오기는 하지만 단과대학별로 일부만 참여할 뿐 전반적인 연구 시스템이 부족한 상황이다. 연구과제 수행은 교수 개인의 역량을 발전시킬 뿐만 아니라 강의의 질을 높이기 위해서도 필요하다. 하루빨리 다양한 연구소가 설립되어 라오스 대학교수들이 남는 시간에 농사를 짓기보다 연구실에서 불을 밝히며 연구에 몰두하는 모습을 보고 싶다.

직업교육

라오스의 직업교육은 직업기술학교, 공공 부문, 사립 부문 등으로 나누어진다. 직업기술학교는 중학교 과정을 졸업한 이후 참여하는 8+3 과정과 고등학교를 졸업하고 참여하는 11+2, 11+3 과정이 있다. 라오스 교육부의 자료(2008~2009년도)에 따르면 직업교육에 참여하

라오스 대학생은 어떻게 생활하나?

라오스 대학생들은 교복을 입는다. 남녀 모두 하얀 상의의 교복을 입으며, 여성의 경우 전통 치마를 입어야 한다. 교수의 경우 특별한 제약은 없지만, 학교 내에서 남성 교수는 정장, 여성 교수의 경우 전통 치마를 입어야 한다. 학생들이 교복을 입지 않으면 학교 내규에 의해 벌점을 받기도 하고, 심각한 경우 청년연맹(Youth Union)에서 자아비판을 해야 한다.
수파누봉대학교는 클럽 활동이 허용되지 않는다. 필자가 스터디그룹을 만든 적은 있지만 총장의 허가를 받아야 했다. 대신 교내에는 청년연맹, 여성연맹(Women Union) 등 학생들이 참여하는 각종 연맹이 있다. 연맹의 주요 간부들은 행사 때면 푸른 제복을 자랑스럽게 입고 다닌다. 초등학교 때부터 있는 제도라고 한다.
대학생들은 여가 시간에 주로 운동을 한다. 휴대전화는 많이 보급되어 있는 편이지만, 인터넷은 아직 일상화되어 있지 않고 속도가 느려 중독되어 있는 경우는 드물다. 날씨가 좋으면 학교 운동장은 축구, 농구, 배구, 세팍타크로(족구)를 하는 학생으로 가득하다. 필자는 즐거운 마음으로 운동을 하는 라오스 학생들을 보면서, 비록 공부 환경은 열악하지만 한국의 대학생보다 라오스의 대학생이 더 행복하다는 생각을 했다.

고 있는 학생들은 1만 6,384명으로 나타났다.

라오스는 농업 중심의 전형적인 개발도상국가로 제조업이 발달되지 않았다. 제조업이 발달되기 위해서는 당연히 숙련된 기술 교육이 뒷받침되어야 하지만 아직 갈 길이 멀다. 라오스 정부에 따르면 향후 5만 명 이상의 숙련 노동력이 추가적으로 필요하다고 한다. 이러한 수요를 충족시키기 위해서는 직업훈련원을 추가로 증설하고 수용 능력을 늘려야 한다. 또한 각 주마다 한 개 이상의 직업훈련원을 신축해 라오스 전국 어디에서나 기술교육을 제공할 필요가 있다. 또한 선진 시스템의 도입도 시급하다. 이론 및 실제 훈련을 도입해야 하며, 해외 투자 증가에 따른 사내 훈련 도입 등도 시급하다.

교원 제도

라오스에서 교사가 되려면 재직하고자 하는 교육 기관에 따라 선행해야 할 교육과정이 있다. 유치원 교사가 되기 위해서는 고등학교를 마친 후 1년의 교육과정을 추가로 이수해야 한다. 초등학교 교사가 되기 위해서는 중학교를 마친 후 3년의 교원연수과정을 마치거나, 고등학교 졸업 후 1년의 연수과정을 마쳐야 한다. 중학교 교사가 되기 위해서는 고등학교를 마친 후 3년의 교사연수를 받아야 한다. 고등학교 교사는 사범대학교를 나와야 한다.

라오스 교육부는 1990년대 중반에 초등학교 및 중등학교 교사 선발을 위한 최소한의 자격 요건을 만들었고, 소규모 학교를 통폐합해 대규모 교사연수센터(Teacher's Training Center)를 설립했다.

라오스 정부에 의해 추진된 교사 연수의 목표는 사전 교육과 현장

교육의 강화를 통해 교사의 수준을 강화시키는 것이었다. 이 목표를 수행하기 위한 교사 연수 내의 세 가지 우선순위(충분한 교사를 현장에 공급하는 것, 현장에 투입되는 교사의 질을 높이는 것, 예비교사를 위한 비용을 조달하는 것)는 시급히 개선되어야 할 과제다.

교육 개혁 동향 및 과제

교육 개혁

라오스 정부는 교육 개혁을 위해 여러 방법을 시도하고 있다. 그 중 교육부 장관을 의장으로 하는 교육국가회의(Education National Committee)는 매년 7~8월 방학 기간 동안 개최된다. 교육국가회의는 교육부 고위 관료, 지방교육청장, 대학 학장 등이 모여 교육의 현 상황을 점검하고, 5년·10년·20년 장기 교육 전략을 토론을 통해 채택하는 장이다.

필자가 재직하고 있는 수파누봉대학교에도 과하다 싶을 정도로 회의가 많다. 대학 교원들은 주로 평가모임(evaluation meeting)이라 불리는 모임을 통해 지난 1년간의 자신의 업적과 성과를 보고한다. 평가모임 때는 자신의 세세한 신상까지 보고해야 하며, 때로 은행 통장의 잔액까지 보고하기도 한다. 단과대학별로 평가모임을 한 후 최종적으로 대학 전체 회의를 한다. 하지만 필자는 이러한 평가가 대학 교육의 현실을 개선한다는 느낌은 받지 못했다. 평가의 내용들이 매우 피상적이기 때문이다. 논문 작성, 교재 개발 등 학술적 업적에 대한 평가는 거의 없고, 수업 시간에 제대로 들어가지 않은 것 등

개인적 소사에 대한 평가가 주류를 이룬다. 물론 형식적이나마 정례적인 평가를 하는 것은 방만하거나 나태한 교수들을 각성시키는 데 일정한 역할을 할지 모른다. 그러나 대학교수들이 더욱 관심을 갖고 진지하게 논의해야 할 부분, 즉 교육과정에 대한 개선이나 강의 수준의 향상, 교보재 개발* 등에 대해서는 거의 논의가 없다.

라오스 교육부가 제시하고 있는 교육 개혁은 외국의 도움 없이는 불가능해 보인다. 탈냉전 이후 약 20년간 교육 관련한 건물·인프라·가구·책 등은 대부분 국제 원조에 의해 공급되었다. 특히 농촌 지역민과 소수민족 아동이 교육을 받을 수 있었던 데는 해외 원조의 역할이 매우 컸다. 그러나 라오스는 1997년 아시아 경제 위기로 수많은 교육 프로젝트 진행에 어려움을 경험했고, 2008~2009년 글로벌 경제 위기로 인해 어려움이 재발되었다. 현재는 유로권의 경제적 어려움으로 유럽연합(European Union: EU)의 원조 역시 제한되고 있다. 물론 라오스 교육이 개선되기 위해서는 외부의 도움이 필요하지만, 분명 그 주체는 라오스 교육자들이 되어야 한다.

해외 원조가 유입될 때 중앙 정부의 독점적 운영 역시 많은 문제를 일으킬 수 있다. 예를 들어 한국 정부는 ASEAN 10개국 학생들을 대상으로 단기 Youth 프로그램을 운영해 초청하고 있다. 그런데 다른 국가에서는 대개 대학생이 오는 반면, 라오스에서는 교육부 관리가 참여하는 경우가 많다. 라오스 교육부가 해외에서 운영하는 프로그램에 대한 정보를 독점하는 만큼 기회가 균등하게 분산되지 않고 소수 관료에게 혜택이 돌아가는 것이다.

* 라오스 대학 교육에서 교재 개발은 시급한 과제다. 현재 교과목 중 5분의 1만이 교재가 개발되어 있는데, 그것도 대부분 영어나 타이어 교재다.

교육 개념

라오스 교육 현장에 있는 필자는 라오스의 열악한 교육 현실을 실감할 기회가 많다. 라오스의 현실에 대해 두 권의 책을 쓴 로버트 쿠퍼(Robert Cooper)는 라오스 교육의 문제를 "poor teachers, poor facility, poor system"이라 지적한다. 필자도 그의 견해에 전적으로 동의한다. 현재 라오스 교육의 현실은 초등학교 교육을 받은 사람조차 졸업 후 10년이 지나면 모두 문맹이 된다. 또한 대학에서 영어를 전공한 사람들 중에는 영어책을 제대로 읽지 못하는 사람이 허다하다. 해외 유학을 다녀온 일부 라오인을 제외하고는 대학 졸업자들과 외국어로 소통하기가 어렵다.

라오스의 교육이 개선되기 위해서는 라오스 정부·사회·교육계 모두 교육에 대해 가지고 있는 개념을 변화시켜야 한다. 즉, 라오스 사회, 라오스 국가의 미래가 변화되기 위해서는 교육에 대한 존중이 있어야 한다.

우선 라오스 정부는 교육 예산을 확대해야 한다. 라오스 기획투자부의 자료에 따르면 전체 공공투자에서 공공교육에 대한 지출 비율은 2006년 17.7%에서 2007년 21%로 증가했다가, 2008년에 19.5%, 2009년에 17.4%로 연속 감소했다. 2010년에는 공공교육 지출 비율이 20.7%로 증가했지만, 라오스 교육의 중요성을 생각할 때 예산 증가는 정체 상태다. GDP로 비교해볼 때도 2006~2010년 교육 투자 비율이 평균 3.5%를 기록해 2002~2005년 평균 2.3%에 비해 증가한 것은 사실이나, 여전히 라오스는 아시아에서 교육 투자 비율이 가장 낮은 국가 중의 하나다.

공개적인 자리에서 교육에 대한 중요성을 늘 강조하는 라오스 정부는 실제적인 예산 증가를 통해 교육환경에 대한 개선 의지를 보여주어야 할 것이다. 현재 라오스 정부는 교육 재정과 관련한 부담을 지방정부나 해외 원조에 의존하고 있다. 이런 형태로는 결코 라오스 교육 현실이 올바른 방향으로 개선될 수 없다. 라오스 정부는 인적 자원 개발에 대한 투자가 가장 중요한 것임을 인식하고 교육 분야를 공공 지출의 1순위로 두어야 한다.

교육에 대한 라오인의 사회적 인식 또한 바뀌어야 한다. 필자는 라오스 국민의 교육열이 결코 낮지 않다고 생각한다. 다만 교육을 받기 위해 실제적으로 최선의 노력을 다하지는 않는 것 같다. 그 예로 초등학교의 경우 비가 많이 오는 날이면 출석률이 급격히 떨어진다. 통학 거리가 긴 경우 비가 오면 몸이 젖을 수밖에 없는 데다, 학부모 역시 아이들을 오토바이에 태워 등교시키는 것이 불편하다는 것이다. 한국의 경우 성적 우수상 못지않게 개근상을 중요하게 생각한다. 따라서 자녀가 결석이나 지각을 하는 것을 대수롭지 않게 여기는 것을 상상할 수가 없다. 그런데 라오스에서는 비가 오거나 날씨가 춥거나 부모가 바쁠 경우 학교에 학생들이 오질 않는다. 지각도 예사여서 1교시나 2교시가 끝나고 나서야 학교에 나타나는 학생들이 태반이다. 이는 필자가 재직하는 대학교 상황도 크게 다르지 않아서 일기가 나쁘면 지각이나 결석이 많아진다.

문제는 교사나 교수조차 교육에 대한 개념이 부족하다는 점이다. 라오스에서 고등학교나 대학교를 우수한 성적으로 졸업한 사람들은 임금이 낮은 교육 기관보다 외국계 기업이나 정부 공무원이 되는 것을 선호한다. 따라서 교육자 역시 직업에 대한 자부심이 별로 없는 편이다. 루앙프라방의 경우 관광 관련 회사에 근무하면 기본급이 100달러 정도인데, 초등학교 교사나 대학교수는 초봉이 70달러 내외에 불과하다. 자부심이 부족하니 교수들의 강의에 대한 애착 또한 크지 않다. 라오스 교수들은 날씨가 좋지 않거나 추울 때* 학교에 늦게 출근하거나 강의에 들어가지 않는 때가 많다. 더욱 문제가 되는 것은 각종 회의, 특히 공산주의 체제하의 잦은 평가 모임으로 인해 휴강이 되는 때가 너무 많다는 점이다. 만약 한국에서 교사들이 회의 때문에 수업을 하지 못한다면 학생과 네티즌 사이에서 용납되지 않을 것이다. 하지만 라오스에서는 부수적인 활동에 의해 쉽게 수업이 대체된다. 그 이유는 교육 기관에서 가장 중요하고 핵심적인 사안이 수업이라고 생각하지 않기 때문이다. 그것이 교사의 권리이자 책임임에도 불구하고 아직까지 그러한 교육 중심 개념이 형성되지 않은 것이 아쉬울 뿐이다.

라오스 교육의 핵심적인 문제점은 결국 정부, 사회, 개인 모두에게 교육에 대한 우선순위 의식이 약하다는 점이다. 특히 교사의 낮은 급여는 라오스 교육 발전을 근본적으로 저해하고 있다. 우수한 인재는 교사가 되기를 원하지 않으며, 교사로 일하는 이들도 생활고로 인해 부업을 해야 하는 경우가 대부분이다. 이로 인해 교원의 이직률이 높아지고 교육의 질은 낮아지는 결과가 발생한다. 필자가 재직하고 있는 수파누봉대학교의 경우도 예외가 아니어서 교원의 급여가 라오스의 평균 임금 수준보다 낮다. 따라서 주위 동료 교수들이 주말이면 사립대학에서 강의를 하거나 사업, 관광 가이드를 통해

* 라오스 북부 지방은 12월에서 1월까지 기온이 섭씨 10도 내외다. 라오인에게는 춥다고 느껴지는 온도다. 특히 오토바이를 운전하는 경우에는 체감 온도가 더욱 내려간다.

부업을 하는 경우를 많이 보았다. 필자가 사는 교수아파트 주위로는 교수들이 만들어놓은 농장이 펼쳐져 있다. 먹을거리를 자급자족해 생활비 부담을 줄여보려는 그들의 처지가 안타까울 뿐이다. 이러한 현실 속에서 대학교의 강의 수준이 높아지기를 기대하기는 어렵다.

라오스는 교육에 대한 국가의 투자 또한 인색한 편이다. 재정에서 교육에 지출하는 비중이 매우 빈약해 교육비 투자액 규모에서 세계 155위를 기록했다. 시설에 대한 투자나 재투자는 기대하기 어렵고, 운영 자금 또한 중앙 정부로부터 원활하게 지원되지 않고 있다. 수파누봉대학교도 중앙 정부에 의한 지원보다는 지방정부 예산에 의존하고 있어 어려움이 많다.

필자가 경험한 라오스의 교육 개념에 관한 최근은 경험은 루앙프라방 공항 증축에 관한 것이다. 루앙프라방은 세계적인 관광 도시로 매년 여행객이 급증하고 있다. 그러나 기존의 활주로로는 제트항공기가 착륙할 수 없어 국제노선을 증설할 수 없기 때문에 루앙프라방 주정부는 중국으로부터 차관을 들여와 현재의 공항을 증축하고 활주로를 확장했다. 그런데 기존의 활주로로는 거리가 확보되지 않아 활주로 방향을 약간 틀었는데, 하필이면 수파누봉대학교 위로 비행기가 지나가 이착륙하도록 설계되었다. 그 때문에 현재 하루 수십 대의 비행기가 대학 캠퍼스 위를 오가며 소음을 내고 있다. 기존의 교육 기관, 그것도 대학교 위로 비행기가 지나도록 한다는 것은 한국에서는 상상할 수 없는 일일 것이다. 관광 산업을 확대하기 위해서라지만 교육 현장에 대한 아무런 배려 없이 정책이 결정되는 것을 보면서 라오인의 교육 개념에 대한 부재를 느낄 수 있었다.

고급 인력 문제

라오스의 국가 여건 가운데 가장 취약한 부분이 고급 인력의 부족이다. 모든 개발도상국가가 고급 인력 부족으로 어려움을 겪고 있지만, 라오스는 다른 국가보다 더욱 열악한 상황이다. 1975년 공산화 이후 약 10만 명 이상의 지식인이 메콩 강을 건너 국외로 탈출했기 때문이다. 라오스 혁명정부는 지리적으로 인접한 타이로 지식인들이 탈출하는 것을 막을 수 없었다.

고급 인력의 부재를 해결하기 위해 라오스 정부는 젊은 층을 구소련, 동유럽, 베트남 등으로 유학을 보내 사회적 지도층으로 키우려 했다. 하지만 1990년대 초 공산권의 붕괴로 이들이 그 국가들에서 쌓은 지식은 급변하는 라오스의 미래를 현명하게 지도하기 어려운 상황이다. 1990년대 말부터 부유층 자녀 중심으로 미국, 일본, 오스트레일리아 등에 유학을 가는 경우가 늘고 있지만, 이들이 라오스 핵심 세력으로 부상하기까지는 많은 시간이 걸릴 것이다.

라오스가 최빈국에서 벗어나기 위해서는 혁명 세대인 현재의 지도층보다 개혁적인 리더십을 가진 인물들이 등장해야 한다. 또한 개혁과 개방의 조류를 뒷받침할 수 있는 지식인들이 배출되어야 한다. 기초 교육으로 양적인 면의 초점을 맞추는 것과는 차별화된 고급 인력 자원의 양성이 라오스 미래를 위해 절실한 상황이다. 대학 교육이나 직업 교육의 현실이 어둡다 보니 라오스 인적 자원의 미래 역시 암담하게 느껴질 때가 많다. 한국도 모든 사람이 다 유능한 인재라고 할 수 없고, 교육을 통해 소수의 뛰어난 기술과 지식을 갖춘 사람들을 길러내고 있기에 국제 사회와 경쟁할 수 있게 되었다고 할 수 있다. 라오스 교육의 대중화도 중요하지만 사회 발전을 위해서는 소수라도 역량을 갖춘 인재를 배출할 수 있도록 해야 할 것이다.

라오스 S교수의 생활

필자의 친구인 라오스 S교수의 생활을 통해 수파누봉대학교 교원들의 어려움을 전달해보고자 한다. S교수는 수파누봉대학교 경영학과를 졸업해 현재 국제경영학과 3년차 교수로 재직하고 있다. 그의 월급은 약 40만 킵(원화 약 6만 원)이다. 야간 수업을 하는 경우 수당으로 약 20만 킵(약 3만 원) 을 더 받지만, 수업이 없는 1년 중 4개월은 기본급만 받는다. S교수는 주말마다 두 번에 걸쳐 4시간 정도 사립대학에서 강의를 해서 약 20만 킵을 받는다. 얼마 되지 않는 교원 월급은 가끔 정부 회계가 늦어졌다고 3~4개월씩 체불되는 경우도 있다.
지출은 어떠할까? 학교 앞 식당의 가장 싼 음식인 쌀국수는 9,000킵(1,400원)이다. 현지 시장에서 아무리 값싼 재료를 사서 음식을 만들어 먹어도 5,000킵 이상 들어간다. 또한 오토바이를 운전하기 때문에 기름 값도 다달이 10만 킵 이상 들어간다. S교수는 음식을 매번 사 먹을 수 없어 학교 정문 부근에 동료 교수와 함께 밭을 만들어 채소를 경작하고 있다. 그의 고향은 씨엥쾅이며, 그곳에 다녀오려면 25만 킵 이상의 비용이 든다. 지난 몇 년간 필자는 S교수와 가깝게 지냈지만 그가 고향에 다녀오는 것을 본 적이 없다.

Part Ⅲ
라오스 돌아보기

라오스 생활

라오스의 주요 지역

라오스와 한국

달의 도시 비엔티안, 왕도 루앙프라방

비엔티안은 메콩 강을 사이에 두고 양 기슭에 자리한 고대 도시로 라오스 영토를 통일한 파굼 왕이 이곳에서 큰 축제를 열었다고 전해진다. 라오어로 '비앙(Vieng)'은 '도시'를 의미하며 '티안(tiane)'은 '달'이라는 뜻이다. 즉, 비엔티안은 '달의 도시'라는 뜻이다. 라오스 국기에는 비엔티안을 상징하는 달이 새겨져 있다.

라오스의 수도는 1560년 루앙프라방에서 비엔티안으로 옮겨졌으며, 2010년에 천도 450주년을 기념하는 행사가 열리기도 했다. 비엔티안은 라오스에서 가장 발전된 도시로 정치·경제의 중심지가 되었으나, 1828년 샴(타이) 군대에 의해 불에 타고 두 개의 도시로 분열되었다. 이후 메콩 강 우측의 땅은 샴의 영토가 되었고, 오늘날까지 비엔티안은 본래의 크기에서 절반으로 줄어든 규모로 모습을 유지하고 있다.

비엔티안은 라오스의 수도로 현재 라오스의 변화를 가장 잘 보여주는 곳이다. 불과 10년 전만 해도 비포장도로에서 먼지가 날리던 시골 지역 같았던 이곳이, 현재는 교통체증이 심각한 활기찬 도시가 되었다.

라오스 생활

이 장에서는 라오스에서 장기적으로 거주하거나 단기 여행을 할 예정인 모든 이에게 필요한 정보를 제공하고자 한다. 필자의 경험을 바탕으로 구성했으며, 정보는 최근의 자료를 바탕으로 했다. 비용의 경우 지역별·시기별로 다르고 빠르게 변동한다는 점을 참고해주기 바란다.

교통

라오스의 주요 도시를 돌아보기 위해서는 라오스의 교통수단에 대해서 먼저 알아둘 필요가 있다. 라오스는 대중교통이 발달되어 있지 않다. 시내버스와 택시는 비엔티안에서만 운영되고 있으며, 그나마 운영되는 노선도 극히 적다. 라오스에서 가장 많이 사용하는 대중교통 수단은 삼륜차를 개조한 툭툭(tuk tuk)인데, 크기에 따라 6~10명 정도 탑승이 가능하다.

출장 때문에 라오스를 방문하는 경우라면 차량을 빌리는 것도 고려할 만하다. 승용차나 승합차를 사용할 수 있으며, 하루 40~50달러 정도면 시내 전역을 돌아다닐 수 있다. 도시 외곽으로 나가거나 국경을 넘어 타이로 가는 경우에는 추가 비용을 지불해야 한다.

여행자의 경우 자전거나 오토바이를 빌릴 수 있다. 특히 루앙프라방 등 규모가 작은 도시의 경우 자전거로 여행을 하는 관광객이 많

톡톡

다. 하루 3~5달러면 빌릴 수 있지만 보증으로 여권을 달라고 하는 경우가 있으니, 되도록 큰 여행사를 이용하는 것이 좋다. 오토바이는 현지에서 사고가 빈발하고 있어 권할 만하지는 않으나 꼭 사용해야 한다면 헬멧을 착용해야 한다. 헬멧을 착용하지 않을 경우 현지 경찰에게 벌금을 물어야 한다.

철도는 라오스 국경(비엔티안 타나랭)과 타이 국경(농카이)을 연결하는 3.5Km 기간이 유일하다. 비엔티안과 방콕은 철도로 왕복할 수 있다. 현재 중국이 라오스 북부와 중부를 관통하는 고속철도 사업을 추진 중이다.

고속도로는 없고 라오스 전국을 통과하는 13번 국도가 1996년 완공되었으나, 2차선 도로라 길이 매우 좁고 곳곳이 패어 있어 매우 열악하다. 비엔티안과 주요 도시를 연결하는 버스가 정기적으로 운행되고 있다.* 하지만 육로 여행 시 시간이 많이 걸린다는 점과 우기 때에는 산사태나 도로의 유실이 일어나 위험한 경우가 발생한다는 것을 참고해야 한다. 또한 직행노선이라도 정류장이 아닌 어디서든 사람이 타고 내려 이로 인한 시간 지체가 상당하다.

버스 여행은 변수가 다양하다. 필자도 버스 여행을 하다가 타이어에 펑크가 나는 바람에 시간이 많이 걸린 경험이 있다. 대개 버스 요금에 식사비가 포함되어 있으며, 차표를 휴대하고 있다가 정차할 때 식당에 보여주고 밥을 먹을 수 있다. 식사는 보통 간단한 쌀국수나 볶음밥이다. 비엔티안과 루앙프라방의 거리는 약 400km로 서울과 부산 간 거리 정도이지만, 도로 환경이 좋지 않아 버스로 10~11시간 정도 소요된다. 비엔티안에서 사반나케트까지는 약 7시간, 팍세까지는 약 12시간 소요된다.

육로가 열악한 만큼 라오스 국내 지역을 이동할 때는 매일 운행되는 항공 편을 이용하는 것도 추천할 만하다.** 연착이나 비행 시간 변경이 자주 있으니 공항에 가기 전에 확인할 필요가 있다. 비엔티안에서 루앙프라방, 사반나케트까지는 약 30~40분이 소요되며, 참파삭까지도 1시간이면 도착한다. 그밖에 퐁살리, 보케오, 씨엥쾅

* 장거리 버스 요금은 2011년 기준으로 비엔티안에서 루앙프라방까지 13만 킵(1만 8,000원), 사반나케트까지 15만 킵(2만 원), 참파삭까지 17만 킵(2만 3,000원) 정도다.

** 왕복 항공료는 2012년 기준으로 수도 비엔티안에서 루앙프라방은 169달러, 사반나케트는 215달러, 팍세는 249달러 정도다.

툭툭에 관한 Tip

툭툭 사용료는 정해져 있지 않고 매번 흥정을 통해 결정된다. 라오인과 외국인의 사용료 역시 차이가 있어 보통 외국인에게는 높은 가격을 제시한다. 대개의 경우 툭툭 기사가 맨 처음 부른 값에서 1만 킵(1,300원) 정도 깎아도 이용이 가능하다.

루앙프라방 공항

지역도 비엔티안에서 주 2~3회 운행되는 항공 편을 통해 방문할 수 있다.

비엔티안 공항은 현재 하노이, 방콕, 싱가포르, 쿠알라룸푸르(Kuala Lumpur), 프놈펜으로 가는 직항로가 개설되어 있으며, 인천 직항로도 운영되고 있다. 2012년 ASEM 정상회의가 개최된 이후 시설과 노선이 더욱 확충되었다. 루앙프라방 공항은 방콕, 하노이, 치앙마이, 시엠리아프로 가는 직항로가 개설되어 있으며, 참파삭 공항은 방콕과 호찌민으로 가는 직항이 있다.

메콩 강을 이용한 뱃길로 주변국으로 이동하는 방법도 있다. 주로 라오스 북부에서 이용할 수 있으며, 루앙프라방에서 보케오까지 스

〈표 13〉 주요 교통편 현황

	도착지	출발 시간	요금
VIP 버스	방비엥(Vang Vieng) 비엔티안	오전 8시, 9시 오후 7시 30분	15만 킵
	방콕	오후 5시 30분	27만 킵
	보케오	오후 7시	18만 킵
	루앙남타	오전 9시 오후 7시	13만 킵
슬리핑 버스	팍세/ 참파삭	오후 9시 30분	25만 킵
에어컨 버스	방비엥	오전 6시 30분, 8시 오후 6시 30분	13만 킵
	비엔티안	오전 6시 30분 오후 6시 30분	13만 킵
	씨엥쾅	오전 8시 30분	12만 킵
일반 버스	루앙남타	오전 9시 오후 7시	11만 킵
미니밴	방비엥	오전 9시 오후 1시 30분, 5시	12만 킵
	폰사완(Phonsavan)	오전 9시	13만 킵
	우돔싸이	오전 8시 30분	10만 킵
	루앙남타	오전 8시 30분	13만 킵
	농키아우(Nong Khiaw)	오전 9시	7만 킵
슬로 보트	농키아우	오전 9시	13만 킵
스피드 보트	훼이싸이(Huay Xay)	오전 8시 30분	13만 킵

주: 루앙프라방 출발, 2012년 4월 기준.
자료: All Lao Travel.

피드 보트를 타면 7시간, 슬로 보트를 타면 1박 2일 정도 걸린다. 건기에는 수심이 낮아 운영되지 않는다.

주택

외국인이 라오스에 장기적으로 거주하는 경우 가장 중요한 것이 주택 임대다. 이 경우 아무래도 주택 임대료가 부담이 될 것이다. 외국인은 기본적으로 라오스에서 주택을 소유할 수 없다. 임대는 가능하나 한국과 같은 전세 개념이 없어 월세를 내야 한다. 월세는 1년분을 선납해야 한다. 주인과 협상해 6개월분을 낼 수는 있으나 1년분에 비해 월세가 올라간다.

주택을 구할 때는 집과 방의 크기와 더불어 진입로를 잘 살펴야 한다. 진입로가 비포장일 경우 우기에 길이 진흙탕으로 변한다는 것을 참고해야 한다. 또 지대가 낮은 경우는 우기에 집이 침수될 위험이 있다. 안전 문제를 고려할 때, 여유가 된다면 외국인이 모여 사는 주택지를 선택하는 것이 좋다.

라오스는 건축 기술이 부족하기 때문에 집을 볼 때 배선, 변기 상태, 스위치, 수압, 하수 시설 등을 꼼꼼히 살펴야 한다. 또 건기에는 단수가 되는 경우가 많아 이를 대비하기 위한 물탱크가 있는지도 체크해야 한다. 경험상으로는 하수 시설이 가장 문제가 된다. 라오스에는 제대로 된 하수 시설이 없어서 주택 밖으로 하수가 바로 나가는 경우도 많으니 저지대 근처는 피하는 것이 좋다. 하수 구멍도 작아 자주 막히니 한국에서보다 더욱 신경을 써서 사용해야 한다.

라오스는 주택의 창문이나 문을 만드는 기술도 부족하다. 목재를 사용하는 경우가 많은데, 비를 맞은 후에는 문틈이 벌어지거나 창문이 휘어지는 경우가 많다. 새시로 된 창문이 더 좋지만 주변에서 많이 보지 못했다. 창틀이 휘어져 있는 경우 우기에 비가 들이칠 가능성이 있으니 집을 구할 때는 유심히 관찰해 보수를 요청해야 한다. 또한 문틈이 벌어진 경우 모기와 각종 곤충이 집 안에 들어오므로 역시 보수를 해야 한다. 저지대에 위치한 집이나 1층의 경우에는 우기 때 침수를 막기 위한 턱이 만들어져 있는지도 확인할 필요가 있다. 뎅기열과 말라리아 등 모기의 위협을 막기 위해서 방충망 설치도 필수적이다. 목재로 된 창문은 대개 잠금 장치가 되어 있지만, 혹시 없다면 방범창 설치를 요청해야 한다. 외국인들은 항상 범죄의 표적이 될 수 있기 때문이다.

대부분의 경우 집을 임대할 때 가구나 가전 등은 집주인이 마련해준다. 임대 기간이 끝나면 모든 가전이 집주인 소유가 되기 때문이다. 따라서 집주인과 월세 가격을 협상할 때는 필요한 가전을 구체적으로 요청하는 것이 좋다. 에어컨, 침대, 텔레비전, 세탁기, 냉장고 이외에 필요한 것들을 세심하게 살펴야 한다. 비치할 가전제품과 가구를 계약서에 기록할 수도 있다. 라오스 전기 시설은 전압이 220V이므로 한국의 전자제품을 그대로 사용할 수 있다. 라오스

라오스 주택 건축

라오스에서는 집을 지을 때 시간이 많이 걸린다. 집을 짓는 비용이 많이 들어 한 번에 짓지 못하고, 돈이 모이면 짓고 돈이 떨어지면 건축을 중단한다. 따라서 아주 부유한 사람이 아니라면 대부분 몇 년에 걸쳐 집을 짓는다. 또한 겉부터 집을 지어 외벽이 완공되면 내부 인테리어가 되어 있지 않아도 주인이나 건축 노동자들이 안에서 살기도 한다. 겉으로는 새집처럼 보여도 상수도나 변기 등이 오래되어 녹슨 경우가 종종 있다.

에서 가전제품이나 생활용품은 매우 비싼 편이어서 무겁거나 부피가 크지 않다면 한국에서 사용하던 것을 가져가거나 구입해 가는 것이 좋다.

주택 임대를 위해 만들어진 인터넷 사이트도 있다. 비엔티안에 외국인을 위한 고급 빌라나 아파트 등이 속속 들어서고 있지만 비싼 편이다. 외국인이 거주할 만한 주택은 최소한 월 500달러 이상이 들며 월 2,000달러 이상 가는 주택도 있다. 단기간 거주하는 경우에는 게스트하우스나 호텔을 이용해야 한다. 라오스 현지인 집에 머무는 민박도 있다.

교육과 의료

라오스에 자녀를 데리고 갈 경우 최대의 관심이 교육과 의료일 것이다. 그러나 외국인 자녀들이 다닐 만한 학교가 있는 곳은 비엔티안을 제외하고 전무하다(필자는 루앙프라방에 거주했기 때문에 아내와 함께 재택 교육을 했다). 비엔티안에는 국제학교가 몇 군데 있다. 비엔티안국제학교(Vientiane International School)는 입학비와 등록금이 연 1만 달러 이상으로, 학비가 비싼 편이어서 대사관이나 기업 지사 근무자의 자녀가 주로 다니고 있다. 프랑스계 학교도 있으며, 현지인 학생과 외국인 학생이 함께 공부하는 학교도 있다. 한국인이 설립한 학교도 일부 있다.

"그곳에서는 절대 아프면 안 된다!"고 말하고 싶을 정도로 라오스의 의료 환경은 매우 열악하다. 비엔티안에 종합병원이 있기는 하지만 CT 기기 하나 없을 정도로 의료 서비스에 대한 기대를 하기 어렵다. 비엔티안에 거주한다면 국경을 넘어 타이의 우돈타니나 농카이에 있는 병원을 이용하는 것이 좋다. 루앙프라방에 거주한다면 긴급한 상황일 때 비행기를 타고 방콕으로 가야 한다. 필자는 루앙프라방에서 코이카(KOICA) 단원들이 응급 상황이 생겼을 때 방콕 병원으로 후송되어 치료받는 것을 여러 번 본 적이 있다. 여행자든 거주자든 라오스에 간다면 여행자 보험에 가입해두는 것이 좋다. 질병에 걸리면 대부분 국경을 넘어 치료를 받기 때문에 이래저래 비용이 많이 들기 때문이다.

라오스에서 가장 많이 걸리는 병은 뎅기열과 말라리아다. 말라리아의 경우 한국에서 예방주사를 맞고 가는 것이 좋다. 뎅기열은 예방주사가 없다. 뎅기열과 말라리아 모두 모기에 물려 발생하는 질병인 만큼 모기장이나 방충망 설치가 필수적이다. 라오스에서는 조류독감도 종종 발병하는 만큼 가금류를 가까이하지 않는 것이 좋다. 다시 한 번 강조하지만, 라오스에서는 아프지 말아야 한다!

기타 생활 정보

인터넷

라오스 현지 인터넷 사정은 좋지 않다. 가입비와 설치비가 비싼 편이거니와 속도도 매우 느리다. 한국에서 세계 최고의 인터넷 속도를 즐기다가 라오스에 가면 매우 답답함을 느낄 것이다. 그러나 인터넷카페에 가면 시간당 1달러 정도의 비용으로 간단히 이메일을 보내거나 기사 검색 등을 할 수 있다. 비엔티안이나 루앙프라방에는 무선인터넷을 사용할 수 있는 호텔과 식당도 늘고 있으며, 대부분 무료로 이용할 수 있다. 인터넷 보급이 미비한 관계로 전자상거래는 아직 활성화되지 않았고 정부의 관심도 부족한 편이다.

운전

라오스는 대중교통이 발달되지 않아 차량을 이용하는 한국인이 많다. 차를 운전하려면 한국에서 먼저 국제운전면허증을 발급받아야 한다. 개선문 근처에 있는 교통부(Ministry of Transportation) 1층에 위치한 발급 부서에 사진과 국제운전면허증을 제출하면 유효 기간이 1년인 면허증을 발급해준다. 라오스에 1년 이상 체류한다면 매년 만기 이전에 갱신하면 된다.

만약 현지에서 차를 구입한다면 중계 회사나 이전 소유자가 세금을 지불했는지를 확인해야 한다. 만약 세금을 지불하지 않았다면 인수자가 추가 부담을 해야 하는데, 금액이 매우 큰 편이니 유의해야 한다. 차량을 인수할 때는 계약서와 함께 노란색 차량등록증을 함께 받아야 하며, 반드시 작성해야 한다. 이런 서류들을 잘 가지고 있어야 이후 차량을 정리하고자 할 때 어려움이 없다.

라오스에서 가장 많이 팔리는 차량은 주로 일본 브랜드이지만 한국인이 현지에서 설립한 코라오 제품의 차량도 많다. 자가용은 주로 일본 차, 승합차·트럭은 한국 차가 대부분이다.

운전을 할 때는 도로주행세(연 1회 지불), 신분증, 운전면허증과 차량등록증을 휴대해야 한다. 가끔 경찰이 불시 검문을 하기도 하는데, 이때 필요한 서류를 가지고 있지 않으면 벌금을 부과하기도 한다. 보험회사는 2개 회사밖에 없지만, 책임보험을 들어두는 것이 좋다. 1년에 한 번씩 차량 검사를 실시해야 하며, 차량 검사를 한 차량에는 스티커를 발급해 붙여준다. 차량 검사는 매우 형식적이어서 필자는 방문만 했는데도 통과를 시켜준 적이 있다. 도로주행세 역시 1년 단위의 스티커를 발급해주며 차량에 부착해야 한다. 라오인은 연 단위의 차량 검사와 도로주행세 스티커를 갱신하지 않는 편이다. 하지만 교통경찰에게 단속될 경우 벌금을 물어야 하며, 특히 외국인에게는 어떤 꼬투리라도 잡아 벌금을 매기려 하므로 가능한 한 시일에 맞춰 차량 검사를 하고 도로주행세를 낼 필요가 있다.

비엔티안에 거주하는 경우 타이까지 차량을 가지고 갈 수 있다. 이때는 차량 비자와 임시 보험이 필요하다. 타이는 라오스와 다른 방향에 운전석이 있으니 주의가 필요하다. 라오스 유류비는 한국보다 약간 싼 편이며, 국가에 의해 가격이 결정되어 모든 주유소의 가격이 동일하다.

안전과 위생

라오스는 의료 환경이 열악한 만큼 안전에 특별히 유의해야 한다. 라오스는 주변 국가들에 비해 안전한 편이다. 치안 시스템이 잘 되어 있어서가 아니라 라오인들이 비교적 온순한 편인 데다가, 내전이나 테러의 위험이 거의 없기 때문이다. 하지만 최근 여행객을 대상으로 한 절도가 증가하고 있어 조심해야 한다.

라오스는 비엔티안을 제외한 대부분의 주요 도시에 신호등이나 건널목이 설치되어 있지 않다. 또한 차로의 중앙선도 거의 지켜지지 않는다. 따라서 운전을 할 때는 각별히 신경 써야 한다. 우기에는 곳곳에서 도로가 유실되는 경우가 많으니 이때 지방으로 운전하는 것은 삼갈 필요가 있다. 오토바이 운전은 특히 위험한데 대부분의 교통사고는 오토바이에 의해 일어난다. 헬멧을 쓰지 않으면 교통경찰에 의해 단속도 되거니와, 사고가 날 경우 치명적인 위험이 있으니 항상 헬멧을 착용해야 한다.

쓰레기 배출을 할 때는 일반 봉지(별도의 쓰레기 봉지가 없다)에 쓰레기를 넣어 묶은 후 가까운 쓰레기 집하장에 버리면 된다. 청소차가 다니면서 집하장에 모여 있는 쓰레기를 치운다. 라오스에는 아직 재활용 쓰레기 개념이 없으며, 매월 1만 킵가량 청소비를 지불해야 한다.

현지인 채용

현지에서 생활할 때 운전수나 가정부를 채용하는 것은 도움이 많이 된다. 직접 운전하는 것에 비해 현지 운전수를 고용하는 것이 사고의 위험도 줄일 뿐만 아니라, 혹시 사고가 났을 경우 현지인이 사후 처리를 더 원활하게 할 수 있다. 현지인에게 필요한 업무를 이야기할 때는 분명하고 구체적일수록 좋다. 언제까지 무엇을 해야 하는지에 대해 자세히 이야기해야 의도했던 결과를 얻을 수 있다.

현지인 가정부나 운전수를 채용한 경우에는 몇 가지 참고할 것이 있다. 그들은 주말과 명절(가령 피마이) 같은 일상적인 휴일 이외에도 결혼식이나 바시 같은 각종 연회에 참석하기 위해 자주 업무를 중단할 때가 있다. 관용을 베푸는 것은 관계를 위해 좋으나 도가 지나치는 경우도 있다. 따라서 계약을 할 때 일을 빠지면 그만큼 보수도 줄어든다는 것에 대해 명기할 필요가 있다. 그렇게 해야 꼭 필요한 모임이 아닌 경우에는 자리를 비우지 않을 것이다.

월급은 후불제로 주는 것이 좋다. 선불로 주는 경우에는 그다음 날 다시 만나지 못할 수도 있다. 특히 피마이나 연말연시 등에는 돈이 필요하니 월급을 미리 달라고 하는 경우가 있는데, 그때는 대부분 돈을 받은 후 직장을 그만둘 의사가 있는 것이다. 갑자기 몸이 아프거나 친척이 돌아가셨다는 이야기를 자주 듣겠지만, 필자의 경험상 사실이 아닌 경우가 많다. 그냥 쉬고 싶거나 다른 용무를 보기 위해서 하는 변명인 경우가 많다. 물론 라오스의 모든 사람이 그런 것은 아니고 일반적인 상황이 그러하다는 뜻이니 채용 시 너무 의심의 눈초리로 볼 필요는 없다. 현지인과 채용 계약할 때 구체적이고 세부적인 부분을 고려하고 문서화하면 비효율적인 면을 많이 줄일 수

비자 발급 에피소드

필자는 라오스 수파누봉대학교 재직 첫해에 장기비자 발급을 위해서 비자 만료 3개월 전쯤 관련 서류를 비엔티안에 있는 교육부에 보냈다. 두 달이 지난 후 어느 정도 진행이 되었는지 확인하기 위해 비엔티안을 방문했더니 담당자 책상 위에 서류가 그대로 놓여 있었다. 그리고 그 담당자는 환하게 웃으며 "서류에는 발이 없다"라고 대답했다. 필자가 직접 서류를 챙겨 관련 부서에 들렀더니 장기비자를 받기까지 약 일주일의 시간이 소요되었다. 이후 필자는 비자를 발급하기 위해 매년 비엔티안에 직접 방문하고 있다.
동선과 일정을 짤 때 관공서의 업무 시간에 대해서도 주의할 필요가 있다. 라오스의 모든 관공서는 금요일 오후에 업무를 보지 않는다. 필자는 금요일 오전까지 일을 끝내지 못해 업무가 재개되는 월요일까지 비엔티안에 머물러 있곤 했다.

있다.

라오인의 작업 효율에 대해서는 큰 기대를 하지 않는 것이 좋다. 라오인의 성격은 느긋하다. 서두르거나 업무를 위해 뛰어다니는 것은 보기 드물다. 또한 라오스는 여전히 사회주의 국가의 성향을 가지고 있다. 라오인은 열심히 일하고 더 많은 보상을 받는 것에 익숙하지 않다. 한 예로 라오스 공무원은 일을 거의 하지 않는다고 해도 과언이 아니다. 월요일 오전과 금요일 오후는 회의 등으로 업무를 보지 않는다.

업무 시간도 주의해야 한다. 공식적으로는 오전 8시부터 오후 4시까지가 업무 시간이지만, 실제 업무가 시작되는 시간은 보통 오전 8시 30분 이후다. 게다가 점심시간은 오전 11시 30분에 시작되어 오후 1시 30분이 되어야 끝난다. 그러고는 2시간 반 동안 오후 업무를 보다가 퇴근 시간이 되면 바로 집으로 돌아간다. 초과 근무나 휴일 근무는 개념조차 없다고 보면 된다.

라오인을 채용할 때 과거 그가 근무했던 곳의 증명서를 발급해 오라고 요청할 수 있다. 이곳은 신규 직원이 아닌 이상 직장을 옮기기 위해서는 과거에 근무했던 직장 대표(또는 책임자)의 추천서 같은 것을 받아야 한다. 여기에는 반드시 좋은 내용만 있지 않고 해당 인물의 단점이나 잘못도 기재되곤 한다. 따라서 라오스 현지인을 채용할 때에는 그의 이전 직장에서의 경력과 추천서를 참고할 필요가 있다.

화폐와 금융

라오스에는 동전이 없고 100킵, 500킵짜리 지폐는 존재하나 거의 사용되지 않는다. 통상 사용되는 화폐는 1,000킵, 2,000킵, 5,000킵, 1만 킵, 5만 킵 등이다. 10만 킵도 2010년에 발행되었으나 기념화폐(라오스 사회주의정부 수립 35주년 기념) 성격의 것이라 시장에서는 거의 찾기 힘들다.

달러와 바트도 자유롭게 유통된다. 다만 거스름돈은 킵으로 주는 경우가 많으므로, 거주 기간이 길다면 킵으로 환전해 사용하는 것이 유리하다. 달러의 경우 50달러, 100달러짜리 고액권은 조금만 손상이 있어도 사용하기 어려우므로, 한국에서 환전하는 경우 달러의 상태가 양호한지 확인해야 한다.

시장에서 물건을 사거나 소액을 사용할 때는 킵을 사용하는 것이 일반적이다. 전자제품은 대부분 타이산이기 때문에 바트로 가격이 표시되어 있는데, 달러나 킵으로도 구입이 가능하다. 주택을 임대하거나 자동차를 구입할 때는 금액이 크기 때문에 주로 달러를 사용한다. 하지만 바트나 킵으로 환산해 지불할 수도 있다.

쇼핑

라오스의 모든 마을에는 예외 없이 시장이 있다. 재래시장에 가면 채소, 고기, 과일 등의 일반적인 먹을거리와 신발, 의류 등을 구입할 수 있다. 대도시의 시장은 나름대로 규모가 큰 편이며, 상품의 종류도 다양하다. 또한 주차 시설도 대부분 갖추고 있다(고객이 주차비를 지불해야 한다). 상점 대부분 냉장 시설이 갖추어져 있지 않아 육류와 과일을 노천에서 판매한다. 특히 육류는 뼈를 정리하지 않은 채 덩어리로 판매한다. 현대식으로 가공 처리된 육류를 구입하고자 한다면 외국인이 운영하는 정육점에 가야 한다.

비엔티안이 현대화되면서 외국인이 쇼핑할 만한 상점이 많이 늘었다. 전통시장인 달랏은 일반적으로 쇼핑하기에 가장 적합한 장소로 라오스에서 생산되는 상품들을 구입할 수 있다. 비엔티안의 가장 큰 상권인 달랏사오는 현대화된 쇼핑몰로 탈바꿈했다. 이곳에서는 휴대전화를 비롯한 가전제품, 한국드라마 복제품들도 쉽게 구입할 수 있다.

루앙프라방에서는 비엔티안에 비해 일상용품을 구입하기가 어려운 편이다. 특히 공산품은 대부분 타이과 중국에서 사야 하는데, 모두 국경에서 차로 12시간 이상 거리에 떨어져 있기 때문에 물류비가 비싸다. 이 때문에 루앙프라방의 물가는 비엔티안보다 훨씬 비싸다. 한국은 서울이 가장 물가가 높고 지방으로 내려갈수록 낮지만, 라오스는 비엔티안이 가장 물가가 낮고 지방으로 갈수록 높아진다. 그나마 우유·치즈 같은 유제품은 1~2개 상점에서 거의 독점해 판매하고 있다. 필자는 어린 자녀들이 있어 우유를 구입하려 늘 애썼지만, 판매 수량이 적어 쉽게 동이 나 몇 주씩 기다렸다 구입하는 경우가 많았다.

라오스에는 수제품이 많다. 비엔티안과 루앙프라방에서는 직물전시장과 수공예품 상점을 쉽게 찾아볼 수 있으며, 루앙프라방에는 저녁마다 야시장이 들어선다. 야시장에서는 전통의상과 소품 등 다양한 물건을 판매한다. 목제품 또한 저렴하게 구입할 수 있다. 필자

루앙프라방 야시장 물품

도 고급 티크 테이블을 원화 6만 원에 사기도 했다! 풍부한 목재와 라오인의 정교한 기술 덕분에 다양한 나무 장식품과 조각상을 만날 수 있다.

우편과 통신

라오스에는 집배원이나 우체통이 없다. 따라서 우편물을 보내고 받기 위해서는 우체국에 방문해야 한다. 국내우편과 국제우편이 있으며, 국제우편 서비스로는 EMS와 DHL이 있다. 경험상 한국과 라오스 우편물은 3~5일 정도 걸린다. 집배원이 없는 만큼 라오스로 우편물을 보낼 때는 수신자의 전화번호를 꼭 기록해야 한다. 우체국에서 우편물에 기록된 전화번호로 수신자에게 연락해 물건을 찾아가도록 하기 때문이다. 우체국을 방문할 일이 있다면 점심시간은 피하는 것이 좋다. 루앙프라방의 경우 보통 오전 11시 30분부터 오후 1시 30분까지 직원들이 식사를 하는 시간이므로 우편 업무를 볼 수 없다.

2000년대 초까지만 해도 국제전화를 하기 위해서는 주요 기관에 가서 대기 명단에 신청을 해야 했다. 하지만 이후 통신 관련 인프라가 꾸준히 개선되면서 현재는 자유로운 통신이 가능해졌다. 라오스 정부는 통신 분야 개발을 위해 해외 투자를 유치하기 위한 노력을 적극적으로 전개해왔다. 통신회사로는 국영기업인 ETL, 타이에서 투자한 Lao Telecom, 베트남에서 투자한 Star Telecom(Unitel), 러시아에서 투자한 Bee Line 등이 있다. 유·무선전화, 인터넷 등을 모두 서비스하고 있다.

전기와 수도

전압은 220V를 사용하지만 송전·배전 기술의 부족으로 전압이 일정하지 않다. 메콩 강 수력발전으로 비교적 저렴한 가격으로 전기를 공급하고 있지만 정전이 자주 발생한다. 특히 날씨가 더워지거나 피마이, 연말연시 등 행사가 있으면 전기 공급이 부족해 어김없이 정전이 일어난다. 잦은 정전으로 인한 전자제품의 손상 때문에 완충기를 사용하기도 한다. 라오스의 전기요금은 가정용의 경우 누진제를 적용하고 있으며, 자세한 내용은 〈표 14〉와 같다.

상수도에서 공급하는 물은 식수로 적합하지 않다. 정수기를 사용해야 하며, 생수통[라오어로 남듬(namdeum)]에 담아 파는 물을 구입하기도 한다.

라오스에서는 남듬을 파는 트럭이 정기적으로 마을을 방문한다. 남듬 1통에 4,000킵쯤 한다. 물은 반드시 끓여서 먹어야 하며, 얼음을 먹는 것은 항상 조심해야 한다. 얼음을 운반하고 다루는 차량을 본다면 먹고 싶은 마음이 생기지 않을 것이다.

신문과 방송

라오스에는 신문의 종류가 많지 않다. 언론 기관은 모두 정부계이거나 인민혁명당의 기관지다. 모든 기사는 문화공보부(The Ministry of Culture and Information)의 검열을 받기 때문에 실질적으로 언론의 자유가 없다.

정부 발행지로는 라오어, 영어, 불어로 발행되는 ≪KPL News≫가 있다. ≪Vientiane Times≫는 영어로 된 유일한 일간지다. 라오스 거주 외국인들이 주로 구독하고 있으며, 라오스 정치 · 경제 · 사회 · 스포츠 관련 정보가 실린다. ≪Vientiane Mai≫는 문화공보부 산하 국영 신문사가 발행하는 일간지로 라오인에게 가장 대중적인 신문이다.

국영 텔레비전 방송국과 국영 라디오 방송국은 각각 1개씩 있다.

〈표 14〉 라오스 전기 요금

분류		요금(KW당 킵)
가정용	0~25KW	269
	26~150KW	320
	150KW 이상	773
정부기관용		557
사업용		709

자료: 라오전력국(2012).

위성채널인 CNN, YTN 등을 통해 국제 방송도 시청할 수 있다. 대부분의 라오인은 자국의 방송보다 타이의 방송을 선호하며, 타이 채널을 시청하기 위해 위성 안테나를 사용하거나 케이블 방송 서비스에 가입하기도 한다.

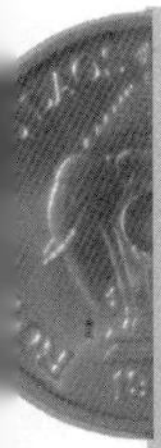

거주자를 위한 Tip

1. 라오인은 친절하지만 과도한 신뢰는 금물이다.
2. 현지 한국인은 도움이 되나 가장 위험하기도 하다.
3. 차량, 집을 임대할 때는 계약서를 반드시 작성해야 한다.
4. 응급 약품을 충분히 준비해 가야 한다.
5. 운전사, 가정부 등 현지인과 갈등이 생길 때는 직접적인 충돌보다는 현지의 공식적 · 비공식적 권위를 활용한다.
6. 현금 및 귀중품을 집에 두고 다니지 말아야 한다.
7. 현지어를 익히는 것이 최대의 적응이다.
8. 운전을 하는 경우 국제운전면허증을 준비해야 한다.
9. 라오스 북부에 거주하는 경우 전기 난방용품이 필요하다.
10. 라오스의 현실에 대한 비난은 하지 않는다.

여행자를 위한 Tip

1. 수돗물은 반드시 끓여서 먹어야 한다.
2. 얼음은 먹지 않는 것이 좋다.
3. 고기나 생선은 반드시 잘 익혀 먹어야 한다.
4. 모기향이나 모기약은 반드시 휴대해야 한다.
5. 화를 내거나 소리를 지르지 않도록 한다.
6. 숙소에서는 반드시 잠금 장치를 하고 자야 한다.
7. 현금 및 귀중품은 항상 휴대하고 다녀야 한다.
8. 겨울(12~2월)에 라오스 북부를 방문할 때는 동절기 옷을 준비해야 한다.
9. 여성의 경우 노출이 심한 옷은 입지 않는다.
10. 사진 촬영 등은 가능하면 허락을 받는 것이 좋다
11. 라오스의 현실에 대한 비난은 하지 않는다.

라오스의 주요 지역

라오스를 관광할 때 각 지역이나 명소에 대한 기본적인 정보를 알면 더 재미있는 여행을 즐길 수 있다.

비엔티안

비엔티안은 메콩 강을 사이에 두고 양 기슭에 자리한 고대 도시로 라오스 영토를 통일한 파굼이 이곳에서 큰 축제를 열었다고 전해진다. 라오어로 '비앙(Vieng)'은 '도시'를 의미하며, '티안(tiane)'은 '달'이라는 뜻이다. 즉, 비엔티안은 '달의 도시'라는 뜻이다. 라오스 국기에는 비엔티안을 상징하는 달이 새겨져 있다.

라오스의 수도는 1560년 루앙프라방에서 비엔티안으로 옮겨졌으며, 2010년에 천도 450주년을 기념하는 행사가 열리기도 했다. 비엔티안은 라오스에서 가장 발전된 도시로 정치·경제의 중심지가 되었으나, 1828년 샴(타이) 군대에 의해 불에 타고 두 개의 도시로 분열되었다. 이후 메콩 강 우측의 땅은 샴의 영토가 되었고, 오늘날까지 비엔티안은 본래의 크기에서 절반으로 줄어든 규모로 모습을 유지하고 있다.

비엔티안은 라오스의 수도로 현재 라오스의 변화를 가장 잘 보여주는 곳이다. 불과 10년 전만 해도 비포장도로에서 먼지가 날리던 시골 지역 같았던 이곳이, 현재는 교통체증이 심각한 활기찬 도시가 되었다.

비엔티안은 라오스 경제 성장의 덕을 가장 빨리 본 수혜 지역이기도 하지만, 또한 라오스의 전통이 가장 빨리 사라지고 있는 곳이기도 하다. 인구는 약 80만 명으로 현재 급성장하고 있다. 2009년에는 동남아시안게임을 개최했고, 이로 인해 도로 및 주택 등이 많이 정비되었다. 포장도로가 많이 늘어났고 고층 빌딩도 빠르게 증가하고 있다. 관광 명소인 파투싸이(Patouxay) 옆으로는 새로운 대통령 궁이 건축되고 있다. 그러나 주요 도로를 조금만 벗어나면 도심에서 보던 경관과는 전혀 다른 모습을 만날 수 있다. 좁은 길과 포장되지 않은 도로, 밀집되어 있는 낙후한 주택 단지가 펼쳐진다.

비엔티안은 라오스 국토의 중앙에 위치하고 있지만 타이 국경과도 마주하고 있다. 일국의 수도가 주변국의 국경에 있는 것이 특이하지만, 그래서인지 비엔티안은 타이 경제에 큰 영향을 받고 있다. 내륙국가인 라오스는 대부분의 수입품을 타이로부터 받아들이고 있다. 냉전 종식과 함께 인도차이나 반도의 평화의 상징이 된 '우정의 다리(Friend's bridge)'는 라오스가 경제적으로 타이에 더욱 의존하는 계기가 되었다. 우정의 다리가 완공됨에 따라 비엔티안에서 차로 불과 30분만 가면 타이 국경을 넘을 수 있게 되었다. 비엔티안에서 구할 수 있는 대부분의 공산품은 타이 제품이며, 이 물품들은 비엔티안을 거쳐 각 지방으로 운반된다. 라오스에게 타이가 최대 교역국인 이유도 수도가 타이 국경과 맞닿아 있기 때문이라 할 수 있다. 상품뿐 아니라 타이의 문화도 쉽게 유입된다. 타이에서 만든 각종 문화상품이 라오스 시장에서 판매되고 있다. 타이의 바트는 라오스의 킵만큼 사용이 자유롭다. 라오스가 타이에 대한 경제적 종속을 어떻게 해결할 수 있을지 궁금하다.

파투싸이

비엔티안에는 라오스의 상징인 탓루앙이 있다. 앞서 소개한 바와 같이 매년 축제가 열리는 불교의 성지다. 비엔티안의 또 다른 상징은 파투싸이다(파투싸이는 '승리의 문'이라는 뜻이다). 프랑스로부터 독립을 쟁취한 것을 기념하기 위해 만들어진 것인데, 식민지였던 프랑스의 개선문과 동일한 모양을 하고 있는 것이 흥미롭다.

2008년 홍수로 인해 큰 피해를 입은 라오스는 한국 정부의 지원을 받아 하천 정비 사업을 벌여 메콩 강 변을 깔끔하게 정비했다. 비엔티안에는 한국인이 1,000명 정도 거주하고 있고, 그 수는 계속 증가하고 있다.

푸시 산

루앙프라방

루앙프라방은 라오스 역사상 첫 수도다. 건국 초기에는 '무앙수아'로 불렸다. 이후 파굼이 스리랑카에서 보낸 '프라방'이라는 황금 부처상을 받으면서 '루앙프라방'이라는 이름으로 불리게 되었다. 수도가 비엔티안으로 옮겨진 후에도 루앙프라방은 여전히 정신적인 측면에서 라오스를 대표하는 도시로 여겨졌고, 프랑스 식민 시절 프랑스인들은 루앙프라방을 왕도(王都)로서 중시했다.

메콩 강과 남칸(Nam khane) 강이 만나는 지점에 위치한 루앙프라방은 높은 산으로 둘러싸여 있으면서도 수량이 풍부해 천혜의 입지 조건을 가지고 있다. 도시의 중앙에는 푸시(Phousi) 산이 있고, 산 정상에는 사원이 있다. 이곳에 오르면 메콩 강, 남칸 강을 비롯해 라오스 시내 전역이 내려다보이며, 석양 또한 아름다워 많은 관광객이 일몰시간에 몰려 성황을 이루기도 한다.

푸시 산과 메콩 강 사이에는 왕궁이 존재한다. 오랫동안 방치되어 있다가 최근에 박물관으로 개조되어 관광객을 맞이하고 있다. 규모는 크지 않지만 가장 최근까지 왕정이 있었던 나라인 만큼 왕족들의 생활양식과 소품들을 구경할 수 있다.

고즈넉한 분위기와 더불어 과거의 전통이 강하게 남아 있는 루앙프라방은 1995년 유네스코에 의해 도시 전체가 세계문화유산으로 지정되었다. 루앙프라방은 현재 라오스에서 가장 인기 있고 유명한 관광 지역이다. 매년 수십 만 명의 관광객이 루앙프라방을 찾는다. 외국인 관광객 중에는 타이인이 가장 많은데, 그 이유는 루앙프라방이 불교의 성지이기 때문이다.

루앙프라방은 조용한 전원 마을이 이어져 있어 얼핏 보면 볼 것이 별로 없다는 느낌이 든다. 유네스코의 세계문화유산 지정 이후 건축물을 모두 3층 이내로만 지어야 하는 규정 때문에 과거의 모습을 그대로 지닐 수 있었다. 최근 인구가 급증하고 각종 신규 건축물이 지어지고 있지만, 그래도 루앙프라방은 라오스의 전통과 역사를 그대로 간직하고 있는 유일한 도시다.

루앙프라방에는 유럽과 북미 등 서구인이 많이 찾아온다. 특히 관광 성수기인 11월에서 2월까지는 시내 유수의 호텔이 만실이 될 정도로 인기가 많다. 서구 관광객이 이곳을 찾는 이유는 아마도 과거의 모습을 그대로 간직한 타임캡슐 같은 루앙프라방의 매력을 느끼

광시 폭포

고 싶어서일 것이다.

루앙프라방에서 가볼 만한 곳을 추천한다면 시내에서 차로 약 40분 거리에 있는 광시(Kwang Si) 폭포다. 광시 폭포는 아름다운 물줄기를 자랑하는데, 물의 색이 특이하게도 에메랄드빛을 띠고 있다. 큰 폭포에 이르기까지 숲길이 잘 조성되어 있으며, 곳곳에는 자연적으로 조성된 폭포가 있다. 언제 가도 좋지만, 우기가 끝나고 난 후인 11~12월이 가장 아름답다. 우기인 7~8월에는 수량이 너무 많아 통제가 되기도 하고, 최근 천연 수영장에서 한국인 익사 사고도 있었으니 주의를 요한다. 관광객에게 추천하고 싶은 또 다른 폭포는 시내에서 차로 약 20분 거리에 있는 탓세(That Se) 폭포다. 웅장하지는 않지만 계단식으로 생겨난 폭포가 아름답다. 이곳 역시 시기를 잘 조절해서 우기 직후에 가는 것이 가장 좋다. 건기에 가면 수량이 없어 볼품이 없기도 하다.

오후 4시 정도가 되면 루앙프라방 시내 중심에 있는 '여행자 거리'가 야시장으로 변모한다. 약 1km 거리의 교통이 통제되고 재래시장과 같이 전통 수제품을 판매하는 시장이 들어선다. 판매자들은 소수민족인 흐몽족이 대부분이지만 라오룸이나 라오퉁과 같은 다른 부족들도 있다. 저녁시간에 야시장을 둘러본다면 그리 비싸지 않은 가격에 라오스 기념품을 구입할 수 있다. 한두 번 흥정하면 가격을 약간 낮출 수 있다.

루앙프라방의 숙박은 매우 다양하지만 관광지인 만큼 가격이 다른 지역에 비해 비싼 편이다. 가장 싼 숙박은 백 패커(Back Packer)라는 곳인데, 서구 관광객들이 즐겨 찾으며 10달러 이내에서도 숙박이 가능하다. 숙소가 대부분 열악해 젊은 싱글 관광객이 아니라면 별로 권하고 싶지는 않다. 다음으로 저렴한 숙박은 게스트하우스다. 숙박료는 다양한데 대체로 20~30달러 정도면 구할 수 있다. 간단한 아침을 제공하는 게스트하우스도 있다. 또한 50~100달러의 비용으로 묵을 수 호텔도 있다. 대부분 아침식사를 제공하며 객실도 깨끗하고 안전한 편이다. 100달러가 넘는 고급호텔도 있다. 가족을 동반하는 경우라면 호텔을 사용할 것을 권한다. 안타깝게도 과거에 비해 객실 내 도난 사건이 많이 일어나고 있으니, 이곳을 방문하고자 한다면 유의해야 한다.

시내 곳곳에는 라오스 식당, 중국 식당, 타이 식당, 베트남 식당,

인도 식당, 일본 식당 등이 다양하게 있어 세계의 음식을 골고루 맛볼 수 있다. 특히 라오스 현지식은 관광객의 입맛에 맞게 제공되고 있어 큰 거부감 없이 즐길 수 있다. 메콩 강 변에 자리 잡은 빅트리 카페(Big Tree Cafe)에 가면 한식을 먹을 수 있다. 한국인 사장에 의해 운영되는 이곳에서는 한식뿐 아니라 양식과 라오스 음식도 일부 맛볼 수 있다. 그런가 하면 분수대 옆 조마(Joma) 베이커리는 관광객들이 한 번 쯤 꼭 들르는 빵집이다. 샌드위치, 피자, 커피 등을 파는 이곳은 관광객들로 늘 붐빈다. 여행자 거리라 불리는 곳의 루앙프라방 베이커리, 스칸디나비안(Scandinavian) 베이커리 등도 유명하다. 양식집으로는 블루라군(Blue Lagoon)과 르엘레판트(Le Elephant)라는 곳이 인기가 높다.

여행자 거리는 말 그대로 여행자들을 위한 정보가 모두 모여 있는 곳이다. 여행자 거리에는 루앙프라방 여행사의 대부분이 몰려 있어 항공권과 버스, 보트 등 교통수단과 관련된 티켓을 예약·구입할 수 있다. 또한 루앙프라방과 주변을 1박 2일, 2박 3일 일정으로 관광할 수 있는 패키지 프로그램도 운영되고 있다.

루앙프라방 시내에서 북쪽 길로 약 20분 떨어진 곳에는 한국 정부가 조성한 약 36만 평 부지의 수파누봉대학교 신캠퍼스가 위치하고 있다. 2005~2007년 '루앙프라방국립대학 설립 프로젝트(Lao National University Establishment Project)'라는 이름으로 수행되어 완공된 수파누봉대학교는 비엔티안에 있는 라오스국립대학교에 이어 가장 좋은 시설을 갖추고 있다. 현재 5개 단과대학에 14개 학과가 운영되고 있으며 교원 수는 약 200명, 학생 수는 약 4,000명에 이른다.

팍세 전경

팍세

남부 참파삭의 주도(主都)인 팍세는 베트남과 캄보디아의 교차로에 위치하고 있는 남쪽 지역의 요충지다. 프랑스 식민 정부는 이 지역을 거점으로 삼고 우체국, 교회, 부두, 교량, 빌라 등을 건립했다. 라오스 남부는 오랜 기간 여행객들에게 잘 알려지지 않았으나, 앙코르 유적으로 유명한 왓푸(Wat Phu)와 4,000여 개의 섬이 모여 있는 시판돈(Si Phan Don) 등 남부 지역 고유의 색깔을 간직한 명소들이 알려지면서 많은 관광객이 찾고 있다.

팍세에서 차로 30~40분 떨어진 곳에 왓푸 사원이 있다. 이전에는 왓푸에 가려면 배를 타고 강을 건너야 했지만, 지금은 육로가 연결되

왓푸 전경

어 있다. 왓푸는 프랑스의 탐험가 프랜시스 가르니에(Francis Garnier)가 발견했으며, 캄보디아 앙코르와트(Angkor Wat) 사원의 모델로 유명하다. 왓푸 사원은 7~12세기 크메르족의 전형적인 건축 양식을 보여주는 대표적인 동남아시아 유물로, 유네스코 세계문화유산 지정을 추진하고 있다. 왓푸에는 메콩 강 변을 따라 고대 도시의 모습과 식민지 시대 건물들이 남아 있다.

왓푸를 지나 조금만 가면 메콩 강에 위치한 가장 큰 폭포인 콘파펭(Khon phapheng) 폭포가 나온다. 울퉁불퉁한 암석과 폭포의 물줄기 사이로 지역 주민들이 전통적인 기법을 사용해 낚시하는 모습을 볼 수 있다. 콘파펭 폭포는 낙차가 크지 않지만 건기에는 물이 에메

콘파펭 폭포

랄드빛을 띠며 우기 때에는 유수량이 많아 장관을 이룬다.

사반나케트

라오스 중남부에 위치한 사반나케트는 경제적으로 중요한 도시이다. 사반나케트 지역은 13세기까지 크메르 제국 영향 아래 있었으며, 14세기에 란상 왕국에 편입되었다. 이후 프랑스 식민지시대에는 행정 및 상업 중심지로 성장했다.

사반나케트 역시 메콩 강 변에 위치하고 있다. 이곳은 비엔티안에 이어 라오스와 타이를 잇는 두 번째 다리가 건설된 곳이자, 베트남

사반나케트 우정의 다리

중부의 최대 상업도시인 다낭과 타이를 연결하는 유통의 중심지다. 라오스 정부는 교통의 요충지인 사반나케트를 특별경제구역으로 지정하고, 산업도시로 육성하기 위해 노력하고 있다. 한국계 기업인 코라오 조립공장도 이곳에 위치하고 있다.

사반나케트는 계획도시처럼 반듯하게 설계되어 있다. 규모가 꽤 큰 도시임에도 조용한 편이며 관광지는 별로 없는 편이다. 사반나케트에는 차이나타운이 크게 형성되어 있으며, 베트남인도 많이 거주하고 있다. 국경지대로서 카지노도 운영되고 있다.

씨엥쾅

비엔티안에서 차로 7시간 정도 떨어진 거리에 있는 씨엥쾅은 폰사완이 주도다. 씨엥쾅은 라오스 북부에 위치하고 있으며 고산지대가 많다. 라오스에서 가장 높은 산들이 씨엥쾅에 몰려 있어서 다른 지역에 비해 기온이 낮은 편이다. 겨울에는 영하로 기온이 떨어져 얼음이 얼기도 한다.

씨엥쾅에는 라오스 소수민족인 몽족이 많이 살고 있으며, 최근까지 몽족 게릴라가 활동했지만 현재는 게릴라의 위협이 없다. 씨엥쾅은 지형이 험난해 라오스 인민혁명군이 내전 당시 은거지로 삼았던 곳이다. 이곳에서 조금 떨어진 쌈느아 지역에는 과거 인민혁명군의 유물이 남아 있기도 하다.

방비엥

방비엥은 라오스의 수도 비엔티안과 루앙프라방 사이의 작은 도시다. 이곳에서는 산과 마을을 지나며 흐르는 깨끗하고 맑은 송(Song)강과 주변의 아름다운 풍경을 보며 카약 타기, 동굴 트래킹 등 다양한 레포츠를 마음껏 즐길 수 있다.

방비엥은 비엔티안에서 차로 3시간 정도면 갈 수 있기 때문에 라오스 국내 관광객도 많이 찾는 곳이다. 또한 수도인 비엔티안과 관광도시인 루앙프라방 사이에 위치하고 있어, 육로로 이 두 지역을 이동하는 관광객이 이곳에서 숙박하거나 체류하는 경우가 많다.

최근에는 서구 관광객 중 특히 젊은 세대가 이곳을 즐겨 찾고 있다. 이 때문에 특히 밤이 되면 곳곳에서 벌어지는 파티와 유흥으로

루앙남타 전경

인해 매우 소란스럽다. 방비엥 지역은 특별한 개발 규제가 없어 호텔과 식당이 난개발되고 있어 앞으로의 모습이 조금 염려스럽다. 방비엥이 고유의 아름다움을 유지하는 자연친화적인 모습으로 발전했으면 하는 바람이다.

루앙남타

루앙남타는 라오스 북부의 국경도시이자 북부 최대의 도시다. 북쪽 국경 140km가 중국과의 경계를 이루는 지역으로, 이로 인해 중국의 영향을 역사적으로 많이 받아왔다. 루앙남타의 라오인 중에는 중국어를 할 줄 아는 사람이 많고, 이곳에 거주하는 중국인도 점차 늘어나고 있는 추세다.

루앙남타는 소수민족의 집산지라고 할 수 있다. 공식적으로 39개의 부족이 루앙남타에 살고 있다고 알려져 있는데, 비공식적으로는 이보다 훨씬 더 많다. 주변의 므앙싱(Muang Sing)으로 가면 아카족 등 소수민족의 생활을 직접 볼 수 있다.

싸야부리

현지어로 '싼냐부리'라 불리는 싸야부리는 라오스에서 유일하게 메콩 서쪽에 있는 주다. 라오스 북서부에 위치하고 있으며 동쪽으로는 비엔티안과 루앙프라방, 서쪽으로는 타이과 인접해 있다.

메콩 강을 두고 라오스와 타이가 국경을 이룬 만큼 싸야부리를 놓고도 양국의 영토 분쟁은 지속되었다. 이 지역을 놓고 10여 년 전까지 라오스와 타이 간에 전쟁이 있었음을 아는 이는 많지 않다. 1987년 라오스와 타이는 싸야부리를 놓고 3개월간 전투를 벌였다.* 라오스는 싸야부리를 자국에 확정시킨 이 전투를 승리로 평가하고 있다.

최근까지 양국이 서로 자국의 영토라고 주장할 만큼 싸야부리는 라오스와 타이의 문화가 공존하는 곳이다. 또한 싸야부리는 아직 개발의 손길이 닿지 않은 곳이다. 매년 2월에 열리는 코끼리 축제 외에는 특별한 관광 자원이 없다. 싸야부리 지역 주민들은 쌀, 오이, 면, 양배추, 콩 등을 재배한 수입으로 생계를 유지한다.

싸야부리에 가기 위해서는 메콩 강을 건너야 하는데, 아직 다리가 놓이지 않아 배를 타고 건너야 한다. 현재 루앙프라방에서 싸야부리까지는 한국 기업에 의해 도로가 건설되고 있으며, 다리도 곧 건설

* 흥미롭게도 3개월간의 전투 기간 중 타이로의 전기 수출은 종전 그대로 이어졌다.

싸야부리 시내

된다고 하니 이것이 완성되면 싸야부리로의 접근성이 더욱 좋아질 것이다.

우돔싸이

우돔싸이는 라오스 북부 지역을 사통팔달하는 교통 요충지다. 이곳에서 루앙프라방, 루앙남타, 퐁살리, 씨엥쾅으로 모두 갈 수 있다. 우돔싸이의 주민은 흐몽족, 까무족, 아카족을 비롯한 20여 개의 소수부족으로 이루어져 있으며, 므엉싸이(Meung Xay)라고도 불린다.

우돔싸이 역시 중국의 영향을 많이 받고 있다. 중국 윈난 성의 주도인 쿤밍에서 출발한 버스가 처음 하차하는 곳이 우돔싸이다. 우

우돔싸이 전경

돔싸이는 관광업 등 자체적으로 수행하는 산업이 많지 않아 경제적으로 어려움을 겪고 있다. 이로 인해 다수의 젊은이가 고향을 떠나 더 큰 도회지로 나가거나, 남아 있는 젊은이들이 마약에 빠지기도 한다.

보케오

보케오는 라오스 북부 지역에 위치한 주로 주도는 훼이싸이이며, 약 70%의 면적이 산악지대다. 훼이싸이는 메콩 강을 가운데 두고 타이와 마주 보고 있는 국경도시로, 많은 관광객이 드나드는 출입국 경로다. 주변에 있는 카지노 단지를 찾는 이들로 북적이기도 한다.

보케오의 훼이싸이(강 건너 보이는 지역은 타이 영토다)

중국은 타이와의 무역을 위해 루앙남타에서 훼이싸이를 잇는 아시안하이웨이라는 고속도로를 건설하고 있으며, 거의 완공 단계에 이르렀다. 현재 훼이싸이와 치앙마이를 연결하는 다리가 건설되고 있다.

보케오에서 루앙프라방에 이르는 배 편도 운행 중이지만 건기에는 이용할 수 없다. 보케오란 이름은 라오어로 '사파이어'를 뜻하는데, 이 지역에 황금과 사파이어가 많이 채굴되고 있기 때문이다. 보케오 또한 여러 소수민족이 거주하며 그들만의 고유한 생활 방식과 전통을 유지하고 있다.

라오스와 한국

한국과 라오스 관계

외교 관계

라오스는 기본적으로 다자주의 전략과 균형주의 전략을 펴고 있음을 앞서 소개했다. 따라서 라오스의 대(對)한국 관계 설정 역시 이 전략을 기초로 한다. 라오스는 한국, 미국, EU 및 일본 등과 같은 역외 국가들과의 관계 개선에 적극적이다. 왜냐하면 이들 국가에게 역시 라오스의 주권과 자율성을 훼손하지 않으면서 균형주의 전략을 활용할 수 있기 때문이다.

한국과 라오스는 라오스가 한창 내전 중이던 1974년 6월 수교했다. 당시 라오스는 좌우익이 연합된 연립정부를 구성하고 있었고, 남북한이 함께 라오스와 수교를 맺은 것이다. 하지만 1975년 사회주의 정권이 들어서자 한국은 라오스와 단교를 하게 된다. 1990년대 초 냉전 체제가 붕괴되자 한국과 라오스는 1995년 10월 재수교를 통해 양국 관계를 정상화했다. 이후 양국은 정부 간 교류는 물론 무역·투자·관광 등 다양한 분야에서 급속히 가까워지고 있다.

2004년 ASEAN+3 정상회의 때 노무현 전 대통령이 한국의 국가원수로는 처음 라오스를 방문했다. 친한파였던 부아손 전 총리도 2008년, 2009년 연속으로 한국을 방문했다. 양국 간 정상뿐 아니라

〈표 15〉 주요국의 라오스 공적개발원조(ODA) 현황

(단위: 백만 달러)

국가	2005~2006	2006~2007	2007~2008	2008~2009	합계
일본	62.18	71.53	78.01	63.17	274.89
중국	21.16	34.39	4.5	46.56	106.61
타이	18.79	18.61	18.21	35.01	90.62
베트남	24.86	10.47	18.93	23.34	77.60
한국	5.88	19.56	11.45	29.40	66.29

장관을 비롯한 고위 관계자들의 상호 방문이 증가하고 있으며, 이에 따라 양국 정부 간 협정이 체결되어 한국·라오스 교류는 향후 더욱 증대될 것으로 보인다(〈표 15 참조〉).

라오스는 북한과의 관계도 긴밀한 편이다. 같은 사회주의 국가로서 특히 최고위층 지도자들은 북한과의 우호관계를 유지하고 있다. 라오스 최고의 실력자로 오늘날까지 추앙받고 있는 카이손 전 대통령은 서거하기 직전인 1992년 북한을 방문했다. 현 총리인 통싱도 2007년 7월 북한을 방문했으며, 현 최고 권력자인 추말리 대통령도 당서기장 자격으로 2011년 9월 북한을 방문했다. 북한이 현재 국제적으로 고립되어 있고 타국의 정상이 북한을 공식적으로 방문하는 것이 거의 드문 상황에서, 라오스 고위층의 방문은 북한과 라오스 간의 끈끈한 우의를 보여주고 있다.

그러나 최고 지도층과는 달리 관료, 학자 들은 실용적인 면에서 한국과의 관계를 더욱 중시하고 있으며, 특히 대중은 한국이라고 하면 보통 남한으로 인식한다.* 라오스 청소년들은 아예 북한의 존재를 모르는 경우도 많다.

* 라오인은 한국(인)을 '까오리'라 부른다. 남한은 '까오리따이', 북한은 '까오리느아'다.

〈표 16〉 한국·라오스 간 협정 체결 현황

일시	내용
1996년 5월	투자보장 협정
1996년 5월	경제·과학 기술협력 일정
2004년 11월	한국·라오스 이중과세방지 협정
2008년 6월	라오스, 한국인 일반여권 소지자 단기비자 면제 조치
2009년 6월	무상원조에 관한 기본 협정
2010년 4월	한국·라오스 항공 협정

자료: 주라오스 한국대사관.

라오스에 거주하는 한국인 수도 급격히 증가해서 주라오스 한국대사관의 발표(2011년 12월)에 따르면 약 1,000명의 교민이 라오스 전역에 거주하고 있는 것으로 추산된다. 이는 외국인 거주자로서 타이, 중국, 베트남에 이어 네 번째로 많은 수다.

경제 관계

한국과 라오스의 경제 관계는 규모 면에서 큰 편은 아니지만, 글로벌 경제 위기를 겪었던 2009년 무역액이 일시 감소했던 것을 제외하면 증가폭이 매우 크다(〈그림 8 참조〉). 라오스가 한국에 수출하는 주요 품목은 금·목제품·농산품 등이며, 한국이 라오스에 수출하는 주요 품목은 자동차·전자제품·의약품 등이다.

라오스에서 한국의 자동차, 전자제품은 매우 고급스러운 이미지를 가지고 있다. 한국 제품의 가격이 매우 높은 편임에도 라오인 사이에서의 인기는 매우 높다. 예를 들어 한국의 기아자동차, 현대자동차 등은 신제품의 경우 한국보다 가격이 높지만 라오스 부유층 사

〈그림 8〉 한국과 라오스의 무역 관계

(단위: 백만 달러)

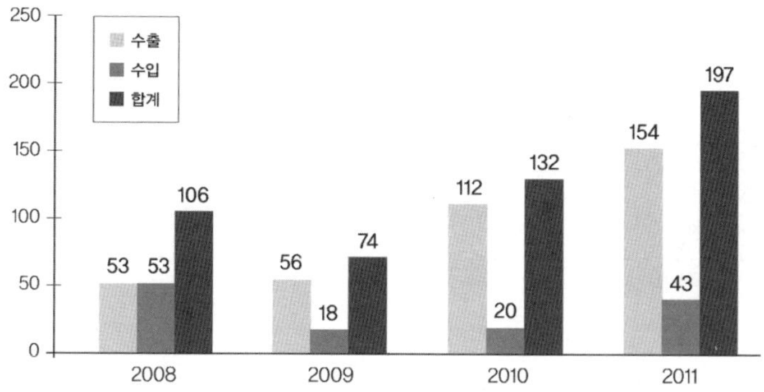

자료: 한국무역협회.

이에서 많이 팔려 나가고 있다. 삼성전자와 LG전자의 컴퓨터, 노트북, 냉장고, 세탁기, 에어컨 등은 라오스 소비자가 가장 갖고 싶어 하는 물건들이다. 또한 라오스 여성들 사이에서는 한국 화장품이 최고의 인기를 누리고 있다. 라오스에서 한국 제품의 인기가 높은 이유는 제품의 질이 매우 높기 때문이기도 하지만, 한류의 영향으로 한국 상품에 대한 선호도가 이전보다 더 커졌기 때문이다.

한국 기업들의 대라오스 투자 역시 급증하고 있는 추세이며, 조림사업과 호텔 산업, 농업 분야에 집중되어 있다. 2009년 기준으로 한국의 대라오스 투자는 2,900만 달러로 타이, 베트남, 중국에 이어 4위를 기록했다. 2011년까지의 투자 총액은 6억 2,000만 달러였으며, 라오스에 진출한 한국 기업도 63개에 달했다.

라오스 내 한국 기업인 코라오 그룹은 자동차 및 오토바이 사업으로 인지도가 높다. 특히 상용 트럭의 대부분은 코라오 제품이다. 코

〈표 17〉 주요국의 대 라오스 무역·투자 현황

(단위: 백만 달러)

국가	무역 규모	순위	투자 규모	순위
타이	11,652	1	3,130	1
중국	2,273	2	1,543	3
베트남	2,207	3	2,055	2
일본	886	4	424	6
한국	244	9	396	7

주: 2001~2009년 합계.

라오는 최근 상업은행 분야에도 진출했고, 친환경 에너지 개발을 위한 조립 사업에도 뛰어들었다.

한국의 공적개발원조(Official Development Assistance: ODA)

라오스는 경제적 개발이 미진한 상황에서 오랫동안 해외에서 들어오는 원조에 크게 의존했다. 독립 직후에는 미국으로부터, 사회주의 정권 초기에는 구소련과 베트남으로부터, 그리고 현재는 UN 등 국제기구로부터 많은 원조를 받고 있다. 해외 원조가 정부 지출의 약 30~40%를 차지하고 있으며, 50%를 차지한 경우도 있었다. 이 같이 해외 원조는 라오스 정부 예산의 절대적인 비중을 차지하고 있으며, 해외 원조 없이는 라오스 정부 운영이 불가능한 상황이다.

한국의 대라오스 원조도 계속 증가하고 있다. 한국의 코이카는 라오스를 공적개발원조 중점지원국가로 지정했으며, 매년 예산이 증가해 2011년에는 1,000만 달러를 상회하는 것으로 나타났다. 이 금액은 2003년에 비해 5배, 2006년에 비해 2배가 늘어난 금액이다. 한국이 선진국가로 진입하기 위해서 향후 공적개발원조를 더욱 늘린다고 하니 라오스에 대한 원조액은 더욱 늘어날 것으로 보인다.

주요 원조 사업을 소개하면 루앙프라방국립대학교 설립 프로젝트(2005년, 2,200만 달러), GMS(Greater Mekong Subregion) 북부도로 개선 사업(2007년, 2,240만 달러), 메콩 강 변 종합관리 사업(2007년, 3,721만 달러) 등이 있다. 2011년 8월 말 집행 기준으로 총 7건, 금액으로는 약 740억 원을 지원해 한국에게 라오스는 아홉 번째 대외경제협력기금 지원 국가다.

한국의 대라오스 원조액이 증가하는 만큼 그 역할은 더욱 커지고 있다. 원조 규모로는 라오스 내에서는 일본, 중국, 타이에 이어 4위를 기록하고 있어 한국의 역할과 위상은 더욱 커질 것으로 보인다.

한국의 대라오스 원조가 양적으로 증가하는 것은 고무적인 현상이지만, 질적인 면에서 개선되어야 할 부분이 많다. 우선 한국의 대라오스 전략 수립이 필요하다. 라오스 국가에 무엇이 필요한지에 대한 진지한 검토와 접근 없이 소수에 의해 의사 결정이 이루어지고 있는 것은 문제다. 일본의 경우 정기적으로 「국별지원전략(Country Assistance Strategy: CAS)」이라는 보고서를 작성해 라오스의 국가 목표, 사회문화적 수요를 면밀하게 조사한 후 이 보고서에 맞춰 원조 사업을 실시한다. 하지만 한국의 경우에는 전략적 접근 없이 원조 사업의 나열만 있을 뿐이다. 한국의 개발 경험은 다른 선진국들과 차별화된 비교 우위를 가지고 있음에도 이러한 강점을 살리지 못하고 있는 것이 안타까울 뿐이다.

라오스 원조 사업의 가장 결정적인 문제점은 사후 관리 부분이다. 필자가 재직하는 수파누봉대학교의 경우 한국 원조 사업의 문제점을 여실히 보여주고 있다. 라오스 북부의 조그마한 시골 캠퍼스에 2,300만 달러의 귀한 세금을 들여 36만 평의 신캠퍼스를 조성하고 현대식 기자재를 보급한 것이 한국이다. 그런데 현재 '프로젝트 기간이 끝났고, 예산도 다 집행했으니 우리는 더 이상 신경 쓰지 않겠다'는 식의 태도로 한국의 모든 관련 기관이 수파누봉대학교를 방관하고 있는 실정이다. 그뿐만 아니라 필자는 라오스에서 한국인이 발행하는 인터넷신문에서 코이카 사업에서 발생된 부실 관련 기사를 많이 보았다. 사업자 선정에서부터 사후 관리까지 총체적인 부실로 인해 귀중한 국고와 혈세가 낭비되고 있는 사례를 보며 안타까움을 느꼈다.

반면 일본은 한국과 달리 계획적이고 체계적인 원조 사업을 벌이고 있다. 라오스국립대학교에는 일본 정부가 지원하고 있는 라오·일본연구소(Lao-Japan Institute)가 있다. 일본 연구진 6명, 라오스 연구진 34명, 총 40명의 구성원이 참여하고 있다. 일본은 라오스국립대 산하 경영대학을 설립해준 이후 라오·일본연구소를 함께 설립해 지금까지 이르고 있다. 라오·일본연구소는 라오스국립대학교 학생들에게 일본어와 일본 문화를 가르치는 강좌를 운영하고 있고, 일본 유학의 기회를 제공함으로써 많은 인기를 누리고 있다. 일본은 라오·일본연구소를 통해 라오스 엘리트들에게 교육과 문화 교류의 기회를 부여함으로써 일본에 대한 우호적 분위기를 조성하고, 미래의 라오스 내 친일적인 인력 자원을 배출하고 있는 것이다.

반면 수파누봉대학교는 한국 정부가 캠퍼스 전체를 설립했음에도 한국과 관련한 아무런 후속 조치가 이루어지지 않았다. 결국 필자와 같은 개인이 사무실을 개설해 소규모로 운영하고 있다. 일본과 비교할 때 얼마나 큰 차이인가! 필자가 주라오스 한국대사관과 코이카, 수파누봉대학교 설립의 지원 기관인 한국수출입은행, 감사원 등에 여러 번 한국센터 설립의 필요성을 호소했지만, 아무런 결실을 맺지 못하고 있다. 오히려 한국수출입은행은 유상원조이고 외교통상부는 무상원조이니 서로 아무런 관련이 없다는 식의 태도로 현재에 이르고 있다.

라오스에 대한 한국의 원조액은 그 규모에서 다른 선진국에 비해 결코 뒤지지 않는 수준이 되었다. 비엔티안 코이카 사무소장은 라오스 내에서 VIP 대접을 받는다고 한다. 라오스에서 한국 원조의 위상이 격상되었다면 그에 걸맞은 책임과 성의를 다해 사업이 실행될 수 있도록 해야 할 것이다.

한류와 대한국 인식도

한류의 전파

주변 동남아시아 국가와 마찬가지로 라오스 역시 한국과 한국 문화에 대한 호감을 가지고 있다. 라오스 텔레비전 방송 채널에서는 한국의 드라마와 오락프로그램, K-pop 프로그램 등을 쉽게 볼 수 있다. 필자는 2009년 라오스 텔레비전 방송국인 스타채널(Star Channel)의 담당자를 만나 면담할 기회가 있었는데, 당시 그는 라오스 내에 한류의 인기가 매우 높다고 했다. 그는 스타채널 음악 방송의 50% 이상이 한국 노래로 구성되어 있으며, 프라임 타임(prime time)인 저녁 6시부터 7시까지 한국 드라마가 편성된다고 했다. 그는 한국 드라마의 저작권료가 중국이나 타이에 비해 비싸기 때문에 많은 드라마를 편성하지 못한다며 아쉬워했다.

라오스 내 한류의 인기는 주변국에 비해 조금 늦은 2000년대 중반부터 시작되었지만, 현재는 한류가 라오스 대중문화의 대세라고 해도 과언이 아닐 만큼 인기가 높다. 필자가 재직하는 학교 사무실에서 한국 노래를 듣는 것은 아주 흔한 일이다. 다른 나라의 콘텐츠에 비해 유독 한국 드라마가 인기가 많은 이유는 드라마 속 등장인물과 이야기 전개가 라오인의 정서와 맞기 때문이다(〈표 18 참조〉). 미국 할리우드 영화의 경우 블록버스터와 같은 현란하고 비현실적인 구조에 전투 장면 또한 많다. 이는 조화와 평화를 중요시하는 라오인의 정서에 맞지 않는다. 반면 한국 드라마의 경우 현실적인 이야기에 등장인물들의 갈등과 고민이 촘촘히 들어차 있다. 또한 가족을 중시하는 라오스의 문화에서도 주로 가족을 소재로 다루고 있는 한국의 드라마는 인기가 높을 수밖에 없다.

한류가 라오스 문화에 미친 영향은 매우 크다. 젊은이들 사이에서 한국 연예인들의 옷과 헤어스타일이 유행하고 있는 것은 물론, 한국어와 한식, 한국 상품에 대한 라오스 국민의 인식 전반을 높여주었

〈표 18〉 한국 문화와 서구 문화 비교

	한국 문화	서구 문화
구조	가족주의	개인주의
분위기	평화, 조화	갈등, 전쟁
형태	전통, 현대	현대

다. 라오스는 한국을 미국, 유럽, 일본과 같은 선진국으로 인식하고 있다. 라오스는 한국이 자국과 같은 열악한 경제적 환경 속에서 이루어낸 경제적 발전을 놀라워하고 있다. 한류는 동남아시아 내 한국의 이미지를 높이는 것은 물론 최근 중요시되고 있는 문화적 힘, 즉 소프트 파워(soft power)를 발휘하는 데 최고의 역할을 하고 있다고 평가할 수 있다.

한국어와 한국학

라오스에서 한국어와 한국학은 조금씩 그 영역을 넓혀가고 있다. 한류가 현재 큰 인기를 얻고 있지만, 이러한 인기가 유지되기 위해서는 한국어와 한국학이 뒷받침되어야 할 것이다. 현재 몇몇 라오스 기관에서 한국어를 가르치고 한국과 관련된 프로그램을 진행하고 있어 이를 소개해보고자 한다.

라오스국립대학교

1996년 설립된 라오스 최초의 대학 라오스국립대학교에는 2001년 코이카가 교원을 파견하기 시작해 한국어 강좌가 개설되었고, 최근 한국어학과가 만들어졌다. 정원은 각 학년별로 20명이다.

라오스국립대학교에는 한국과 협력해 연구를 수행하는 아시아연구센터(Asia Research Center)가 있다. 아시아연구센터는 한국고등교육재단(Korea Foundation for Advanced Studies: KFAS)과 협력해 라오스 학자들을 한국에 보내거나, 라오스 학자가 연구를 수행하면 한국고등교육재단을 통해 연구비를 지원하고 있다. 한국고등교육재단은 이 밖에도 라오스 학자들의 학술회의 참석과 연구 결과물에 대한 출판을 지원하고 있다.

수파누봉대학교

수파누봉대학교는 현재 한국과 라오스 교육협력의 상징이다. 수파누봉대학교가 한국에 의해 지어진 만큼 학생들의 한국에 대한 관심도 뜨거운 편이다. 수파누봉대학교에는 아직 한국어학과가 정식으로 개설되지 않았다. 몇몇 한국인 자원봉사자에 의해 특강 형식으로 한국어 강좌가 개설되고 있는데 학생들이 참여가 활발하다. 하지만 한국어를 가르치는 자원봉사자들의 거주 기간이 짧고, 또 대부분 전문성을 갖추고 있지 못해 수요를 충분히 따라가지 못한다는 아쉬움이 있다. 한국 정부의 체계적인 지원이 뒷받침된다면 수파누봉대학교 내 한국어에 대한 관심은 더욱 증가할 것이다.

수파누봉대학교에는 필자가 재직하고 있는 한국협력센터가 있다. 한국협력센터는 수파누봉대학교에 대한 한국 정부의 후속 지원이 미비한 점을 묵과할 수 없어 필자가 설립을 추진, 2008년 1월에 출범된 조직이다. 필자가 소장으로 있으며 한국과 라오스 교수·학생이 구성원으로 참여하고 있다.

한국협력센터는 수파누봉대학교와 양해각서를 체결한 한국의 대학교를 대상으로 양국 학교 간 교류와 협력을 지원하고 있다. 몇몇 수파누봉대학교 교수가 양해각서를 체결한 한국의 대학원에서 공부하고 있고, 한국의 대학교수와 학생도 수파누봉대학교를 방문해 봉사활동을 하고 있다.

사립기관

라오코리아전문대(Lao-Korea college)는 2000년 비엔티안에 설립되었다. 라오인을 위한 한국어 기초과정이 개설되고 있고 매일 3시간, 매주 15시간씩 강의하고 있다. 약 15~20명의 학생이 참여하고 있다.

로고스아카데미(Logos Academy)는 2002년 비엔티안에 설립되었으며, 3개월 단위로 한국어 기초과정을 개설하고 있다. 1년 단위로 한글·한국어 시험에 대비한 공부를 가르치고 있으며, 한국 문화에 대한 강좌도 개설하고 있다.

KP정보통신기술학교(KP Information and Communication Technology)는 비엔티안에 위치하고 있으며 2006년에 설립되었다. 이곳 역시 한국어 강좌를 4개의 수준으로 나누어 개설하고 있으며, 일주일에 10시간씩 강의하고 있다.

라오톱전문대(Lao Top college)는 2008년 비엔티안에서 개교했다. 8개월 과정으로 한국어 수업을 개설하고 있다.

라오스 내 한국어 교육기관은 주로 비엔티안에 집중되어 있으며 루앙프라방, 보케오, 참파삭 등에 위치한 교육기관은 유치원·초등학교가 대부분이다.

참고문헌

강명구. 2011. 「우리 기업의 라오스 진출 방안 검토」. 『조사연구』. 한국수출입은행.

김기주. 2010. ≪라오스 연구≫, 제1호.

맨스필드, 스티븐(Stephen Mansfield). 2005. 『라오스』. 이동진 옮김. 휘슬러.

박재현. 2008. 『사바이디 라오스』. 한울.

양승윤. 2008. 『캄보디아·라오스』. 한국외국어대학교출판부.

외교통상부. 2009. 「라오스 개황」.

이영란. 2009. 『싸바이디 라오스』. 이매진.

이석희. 2007. 「라오스의 교육현황 및 발전과제」. 한국교육개발원.

이요한. 2008. 「한국의 대(對)라오스 공적개발원조(ODA) 효율화 전략에 관한 연구」. 『동남아시아 연구』, 19권 제1호. 한국동남아학회.

_____. 2008. 「라오스의 교육현황과 개혁방안」. 한국비교정부학회.

_____. 2009. 「한·라오스 중장기 교육협력방안 연구」. 한국교육개발원.

지평지성. 2010. 『라오스투자법률가이드』. 주라오스한국대사관.

최희영. 2009. 『잃어버린 시간을 만나다』. 송정문화사.

펀스톤, 존(John Funston). 2005. 『동남아의 정부와 정치』. 정연식 옮김. 심산문화.

한국동남아연구소. 2010. 『동남아의 한국에 대한 인식』. 명인문화사.

한국수출입은행. 2011. 「라오스 국가신용도 평가리포트」. 한국수출입은행 해외경제연구소.

Copper, Robert. 2008. *The Lao, Laos*. Vientiane: The Pankham Champa Publishing.

_____. 2009. *The Laos: an Indicative Fact-book*. Vientiane: Lao Insight

Books.

Ivarson, Soren. 2008. *Creating Laos: The Making of a Lao Space between Indochina and Siam, 1860-1945*. NIAS press.

Pholensa, Vatthana. 2006. *Post-war Laos: The Politics of Culture, History and Identity*. ISEAS, NIAS Press & Silkwarm Books.

[웹사이트]

세계은행(www.worldbank.org)

아시아개발은행(www.adb.org)

유엔개발계획(www.undplao.org)

한국무역협회(www.kita.net)

한국수출입은행(www.koreaexim.go.kr)

한아세안센터(www.aseankorea.org)

[라오스 소식 관련 사이트]

비엔티안타임즈(www.vientianetimes.org.la)

주라오스한국대사관(lao.mofat.go.kr)

아세안투데이(www.aseantoday.kr)

[라오스 관광 관련 사이트]

라오스관광청(www.tourismlaos.org/kr)

[라오스 교통 관련 사이트]

라오항공(www.laoairlines.com)

베트남항공(www.vietnamairlines.co.kr)

진에어(www.jinair.com)

지은이_ 이요한

한국외국어대학교 정치학 박사

현 라오스 수파누봉대학교 국제경영학과 교수·한국협력센터 소장

메콩 강의 진주, 라오스

들여다보기, 이해하기, 돌아보기

지은이 | 이요한
펴낸이 | 김종수
펴낸곳 | 도서출판 한울

편집책임 | 이교혜
편　　집 | 원경은
표지디자인 | 정선민

초판 1쇄 인쇄 | 2013년 1월 11일
초판 1쇄 발행 | 2013년 1월 28일

주　　소 | 413-756 경기도 파주시 파주출판도시 광인사길 153(문발동 507-14)
한울시소빌딩 3층
전　　화 | 031-955-0655
팩　　스 | 031-955-0656
홈페이지 | www.hanulbooks.co.kr
등록번호 | 제406-2003-000051호

Printed in Korea.
ISBN 978-89-460-4670-2 03910

* 책값은 겉표지에 표시되어 있습니다.